大夏书系·教育常识

姚跃林·著

怎样的教育能给人带来幸福

华东师范大学出版社
全国百佳图书出版单位
·上海·

图书在版编目（CIP）数据

怎样的教育能给人带来幸福 / 姚跃林著. —上海：华东师范大学出版社，2022
ISBN 978-7-5760-2776-1

Ⅰ.①怎… Ⅱ.①姚… Ⅲ.①教育研究—文集 Ⅳ.① G40-03

中国版本图书馆 CIP 数据核字（2022）第 053396 号

大夏书系·教育常识

怎样的教育能给人带来幸福

著　者　姚跃林
策划编辑　朱永通
责任编辑　韩贝多
责任校对　杨　坤
封面设计　奇文云海·设计顾问

出版发行　华东师范大学出版社
社　　址　上海市中山北路 3663 号　　邮编　200062
网　　址　www.ecnupress.com.cn
电　　话　021-60821666　　行政传真　021-62572105
客服电话　021-62865537
邮购电话　021-62869887　　地址　上海市中山北路 3663 号华东师范大学校内先锋路口
网　　店　http://hdsdcbs.tmall.com/

印 刷 者　北京密兴印刷有限公司
开　　本　700×1000　16 开
插　　页　1
印　　张　13
字　　数　193 千字
版　　次　2022 年 5 月第一版
印　　次　2025 年 1 月第四次
印　　数　8 101—9 100
书　　号　ISBN 978-7-5760-2776-1
定　　价　49.80 元

出 版 人　王　焰

（如发现本版图书有印订质量问题，请寄回本社市场部调换或电话 021-62865537 联系）

目 录

上编 // 哲学之思：做一个幸福的平凡人

做一个幸福的平凡人　003

幸福是稀有的吗　007

无望其速成，无诱于势利　009

幸福的港湾需要用心经营　012

幸福似乎有点微妙　015

人不可太过爱惜自己的毛羽　018

既有庄子，就不应有《庄子》　022

学习可以是快乐的吗　026

困境彰显人的潜能　030

文章憎命达　033

用人生的灿烂来做生命的礼赞　037

怎样的教育能给人带来幸福　041

以奋斗成就幸福的平凡人　045

做个坦然面对生活的"有缺点的人"　051

再谈做幸福的平凡人　055

中编 // 教育之行：幸福有时来得也很容易

办所有学生永远喜欢的学校　063

孔雀东南飞　068

许多事要用一辈子去做　072

制度之殇　077

谁来关心中学校长　081

只有被尊重的教育才是有效果的教育　088

再谈学生的"现实快乐"　093

"与长者交，大好！"　097

读书改变了什么　102

幸福有时来得也很容易　106

我是你们的朋友　109

不要考第一名　113

专业成长也是慢慢来的事　117

有一种幸福叫作"帮助"　121

附中因何而美丽　124

下编 // 生命之旅：希望你幸福快乐

灾难也是生活　131
奶奶教会我从"爱"中找到快乐　134
故乡的色彩　138
我思念故乡的雪　142
回　家　146
妈妈走了　153
一剪梅　159
宁静的妻　163
紧紧握住孩子的手　169
希望你幸福快乐　175
读书的故事　183
我的理想是当个快乐的技术工人　188
我们这代人也许真的很幸运　191
送我情如岭上云　194
本心原是羡老庄　197

上编

哲学之思：做一个幸福的平凡人

做一个幸福的平凡人

我们为什么要读书？一个很重要的原因是我们不能不读书，借用美国教育家杜威的话说，"教育即生活"，也可以借用他的学生中国教育家陶行知的话说，"生活即教育"。因为教育的推动，今天的世界成了读书人的世界，一个不读书的人生活在现代社会是非常寡趣的。另一个原因是，对于今天的青少年尤其是城市独生子女而言，20岁之前不读书干什么呢？所以，我们要读书。然而，为什么要"拼命"读书呢？也有两个原因，一个源自求知的渴望，另一个就是"我要打倒你"。总之，你不要后悔读书，这是一桩和吃饭睡觉同样重要的事。

如此这般的12年寒窗苦读，我们终于走进了高考的考场。但这里远不是终点，充其量是人生旅途的一个寻常驿站。一夜宿营，当晨曦初现时，你还得背着行囊踏着朝露向前奔。这里没有失败者，走到这里的人都是胜利者。拥有就是幸福，你要好好享受。这里，不能决定你未来是胜利抑或失败，你要做的是丢掉包袱轻松上路，认准下一个驿站充满信心地奔过去。读书不仅是过程也应当是目的，不仅是竞争工具也应当是生活本身，我们要幸福地读书，幸福地生活。

前方的路正远，我希望你做一个"幸福的平凡人"，这是一个父亲对孩子的真诚祝福。

我们生活在一个物质世界无比繁荣但同时又是拜金主义大行其道的时代，极易迷失自我，内心狂躁，雄心万丈，心比天高。我们有一万个感到幸福的理由，但我们又一万次觉得自己已跌进痛苦的渊薮。生命总是与失望相伴，世界是美的，但我们的心是苦的，所以问题不在世界而在我们自己。今天最需要什么样的人？不是领袖，不是贵族，而是幸福的平凡人。现在的世界最缺什么？不仅是教师、大夫、工程师等曾经令人景仰的人，更缺打粮、捕鱼、修路、盖房等我们永远得依靠的人。明天的早餐谁帮我做？明天谁帮我理发？明天的世界更美好，我们作好准备了吗？当天真无邪的孩子都憧憬着不劳而获时，怎么能算作好准备了呢？全心做好最平凡的事，你就是一个幸福的平凡人！诚如马丁·路德·金在演讲中反复引用的那首无名诗所言："假如你命该扫大街，就扫得有模有样。一如米开朗基罗在画画，一如莎士比亚在写诗，一如贝多芬在作曲。"我想告诉你们，不要太苛求自己，知足则常乐。

我很感谢你们，过去的"一千零一夜"有你们陪伴，我觉得自己是个幸福的平凡人。年轻的你们和年轻的附中携手出发，前途未可限量。但我希望附中是一所平凡的学校，你们是平凡的你们。倘若在纷繁的世界里不迷失自己，我们就是成功者。就学校而言，办学四年，我们有什么特色？若拿普天下的学校作对比，可以说任何值得夸耀的特色都没有。我特别不赞成为追求特色而办学，我心中的目标就是办一所学生喜欢的学校。我们要培养什么样的学生？有人说要培养具有领袖素质和贵族气质的学生，我一点也不认同，我希望我的学生是一个幸福的平凡人，能够生活在平等互爱的世界里。假如明天的世界并没有想象的美好，我也希望你做了贵族仍保留平民的情怀，做了领袖还能真心为大众谋幸福。当你们走进高考考场的时候，更多的人是关心你们能够考上什么大学，而我更关心你们是否快乐，并由衷地希望你们在未来遭遇不快乐的时候还能找到快乐的理由，永远保持一颗快乐的心。

幸福的平凡人要自立自强自尊自爱，要克己克勤克俭，要宽容善良，要懂得爱更要珍惜爱……这些不需要我再说，相信你们都懂。我希望同学们不仅自己做一个幸福的平凡人，而且能让更多的人因为你而幸福。

未来的你们有什么更显赫的身份现在很难确定，但有一种身份已成现实：你们是附中永恒的校友而且是永远的学兄学姐。

补记：

本文写于2012年6月6日傍晚。

2012年6月6日下午，我陪同首届高三同学到港尾中学熟悉高考考场，准备第二天参加高考。返回学校，吃过晚饭后，我习惯性地走向教学楼。在图书馆到教学楼的台阶上，碰到了几位高三女生拿着毕业留言簿让我签名。她们显然是有备而来。一位同学央求我："校长写一句话吧！"看着她们渴望的眼神，想到12年寒窗苦读，我脑海里蹦出一句话来："做幸福的平凡人！"我完全是从一个父亲的角度说的："快乐就好，考什么成绩就随它去吧！让别人去'伟大'吧，咱家的孩子幸福就好！"这就是后来在附中校园里广为流传的"做幸福的平凡人"的出处。"做幸福的平凡人"，是一种朴素情感的自然流露，是灵感的闪现，既不哲学，也不学术，大白话而已。

分别后，我的心情一直不能平静。到教学楼匆匆走了一圈便回到办公室，我一口气写了一篇博客文章《做幸福的平凡人》。博客上显示，这篇文章是19点45分发布的。文章发布后我又到教学楼高三教室走了一圈才回家。我清楚地记得，那一刻，我仿佛做了件大事，突然有一种发自内心的幸福感。

2012年6月4日的《光明日报》的高端栏目"观点"发表了记者对我的采访，我的核心观点就是"学校要关注学生的现实快乐"！由此可见，发出"做幸福的平凡人"的呼喊并非那一刻神来的灵感，而是我一贯的教育理想和教育主张。今天，我想再次重申，没有比附中更关注教学质量的学校了，但我们对质量的关注从来都是建立在尊重学生的人格尊严、个人选择和充分的自由、民主、快乐、幸福之上的。

当时我没能记下那几位同学的名字，后来每想到这件事就有点遗憾。2017年6月9日，我在毕业典礼上作了《做幸福的平凡人》的致辞，讲到了这个故事，最后我说我希望在座的老师和同学们帮我一起找到她们。我想当面问她们：你们现在幸福吗？当天晚上，首届毕业生吴必萍就帮我找到了她们，是林卉婷几位女同学。她们给我发来了当时签字的照片，还有我题字的页面。被拍照的事我没有半点印象。2019年8月18日，在首个校友返校日那天，卉婷将那些照片冲洗好过塑后送给了我。令我欣慰的是，她们现在很幸福。

幸福是稀有的吗

迈克尔·哈内克执导的电影《白丝带》荣获第62届戛纳电影节金棕榈大奖，在颁奖致辞时他说："以前，我的太太经常问我一个很女人的问题，那就是'你感觉幸福吗'，我一直认为这是一个很难回答的问题。幸福是很稀有的，但是现在我想说，我真的很幸福。"

幸福是很稀有的吗？假如要找到一种令你沉醉一辈子并从此不再有烦恼和忧愁的幸福，那我以为不仅稀有，简直就是没有。

幸福是一种感觉，那时那地你感觉幸福你就是幸福的；对这种感觉的回忆令你幸福，回忆的那一刻你又是幸福的。对幸福的感觉与拥有金钱的多少、地位的高低、身世的尊卑和获得成就的大小没有必然的关联。平民自有平民的快乐，贵族自有贵族的烦恼。没有饥饿就没有美味，没有寒冷就没有温暖，没有分别就没有思念。喝茶嗜苦是因为苦后有甜，推拿有痛是因为"痛"后有"快"。生活不会是一潭平静的水，波澜恰是生活的意义所在。经历一段低潮，必将迎来一波高潮。没有低潮也就没有高潮，永远是高潮也就无所谓幸福。苦难中一点甜蜜的获得能让人感到幸福，而未经磨难一片坦途的人也可能终日苦闷。贾府里的公子小姐不一定幸福，贾府外的平民子弟不一定不幸福，所以贾宝玉非常羡慕袭人的几个姊妹。袭人的姊妹之所以幸福是因为她们身处贾府外，假定真如宝玉所说的让她们都到府里去，我以为，幸福从此就有可能离她们而去。

东方不败是我们的榜样，我们都希望自己"东方不败"，然而真是到了"东方不败",我们又为"不败"而苦恼,于是开始"独孤求败"。如果一直"不败"就很难尝到幸福的滋味。高处不胜寒,遗憾的是人往往只有到了高处才体会到这阵阵寒意。然而上去容易下来难,想走下"神坛"往往由不得自己。凡人以为神仙快活,岂知神仙的烦恼一点也不比我们少,嫦娥就是错信了"快活似神仙"的古话才落得整日舒袖空自寂寞。

我常想,沙里乾坤是否包罗人间万象?假如是,那我们就珍惜现在吧,珍惜好现在的每一分钟。不作无谓的非分之想,我们就能感到幸福。卖火柴的小女孩能在幻想里寻找到幸福,我们还有什么可烦恼的?明星闪耀,众目注视,到了星光灿烂的时候,又苦恼得只有吸毒才能获得内心平衡。苦苦追求那灼目的光环,当那光环套在头上后才知道光环原来也有让你不能承受之重。

不必追求所谓永远的幸福,其实我们每个人都不缺幸福;不必羡慕别人的幸福,其实那幸福背后有你不知道的痛苦。别光惦记着贼吃肉,也要想到贼挨打的时候。这样我们就容易平衡,也就容易找到幸福。记住,当我们苦恼不堪的时候,也是幸福快要到来的时候,请坚持住!

便如我此时,思想是痛苦的,然而也是幸福的,痛苦与幸福交替着。当我停笔的时候,我的心情落在幸福上,今晚我就能在幸福中好好睡一觉。

无望其速成，无诱于势利

大约在1987年的上半年，我大妹正读高三，她从小学习成绩很优秀，但在冲刺高考的关键阶段，她被体检出肺部有钙化点，必须静养并被告知有可能不能参加高考。我感到非常懊丧，以为上帝对我们实在不公平，因为1983年高考前夕，我弟弟被查出有肺结核，不得不放弃高考而复读一年。他靠自己的毅力战胜了病魔并于1984年如愿考上大学。弟弟大学尚未毕业，大妹又得了病，家里经济非常困难，单位不同意我考研，女友又未必能分到一起，万般困难汇聚在一起，我颇有些灰心，于是写了几句很消极的话贴在书桌前的墙壁上。恰巧此时，我大学的系主任汤华泉先生路过蚌埠，几经周折找到了我。那晚他就睡在我的单身宿舍里。他看到了那些话，他又知道我曾经想做点学问，于是用韩愈的话告诉我"无望其速成，无诱于势利"，他用自己曲折的经历启迪我：明天一切都会好起来的。"无望其速成，无诱于势利"这两句话我一直记在心里，每每浮躁的时候我就要默念这两句话，内心顿时就会平静许多。

韩愈的《答李翊书》中有这样一段话："将蕲至于古之立言者，则无望其速成，无诱于势利，养其根而俟其实，加其膏而希其光。根之茂者其实遂，膏之沃者其光晔。仁义之人，其言蔼如也。"显然，这是作文之道，然而何尝不是做人之道呢？青春年少时往往志向高远，恨不能一夜间成就惊天伟业。我小时候最大的愿望是当兵，穿四个口袋的衣服，指挥千军万马，然而在一次与招飞擦肩而过后视力快速下降，从此接近不了军营。那时没有高考，我们也不怎么读书，更不看好教师这个职业。我曾经发誓坚决不当教师，我父亲批评说"你能当上教师就不错了"，我还很不以为然地顶嘴道："我还不想当呢。"没想到，竟然要做一辈子教师。而且奇怪的是，从读师范开始，我就决定做一辈子教师，从来没有三心二意。难道这就是随遇而安？

韩愈说："生所为者与所期者，甚似而几矣。"意思是李翊所做的和所期望的，很相似并很接近了。但生活中我们所做的所获得的与所期望的往往是有距离的。有些人一辈子与命运抗争，希图改变自己的境遇，但始终不能朝自己的理想接近半步。尽管如此，生活照样要进行，因此拥有一个平和的心态非常重要。人比人气死人，怎么办？不要去比，或者不要盲目去攀比。大千世界，芸芸众生，你无法想象此时此刻别人都在干什么，不如管好自己，做此时自己最应该做的事，"养其根而俟其实，加其膏而希其光"。"养根""加膏"是根本，"根"养好了，"膏"加足了，心中的期待也许不期而至。

我到厦大附中现在想来或许有些冒险。其实当时我已有所意识，我对太太开玩笑地说："你要作好养我的准备。"也许出于自信：一不至于丢饭碗，二不至于被太太丢掉，于是我就来了。抛弃了安稳的生活和已有的地位开始了新的跋涉。学校还只是座山，尚无正式校名，员工只有我一人。我多么希望快点师生满园，绿树成荫，书声琅琅，笑语欢声。可是，场平不顺利，基建不顺利，体制调整不顺利，招聘招生不顺利，困难远比想象的多。然而，每当我回味那两句话时内心就充实起来：我不正在做我能做的事吗？急什么呢？

2008 年的夏天，来了一批新同事，接着来了一批新同学。老师和同学们比我还急，房子什么时候才能全盖好？绿化什么时候做好？树什么时候长大？什么时候我们才能在自己的游泳池里游泳？前天有人对我说"某块砖轧坏了""某条路轧坏了"；昨天有人对我说"某处设计不合理"；今天还有人表情很凝重地告诉我"某处应安排绿化"，其实早有规划；有同事告诉我"花大价钱买一批大树""花大本钱'买'一批能上清华北大的苗子"。大家都很急,恨不能一夜间建成人大附中。我常想,如果一夜能建成人大附中,肯定没我们这些人什么事。我们要做的是长久的事业。

我老家桐城中学校园内有一棵大银杏树,据说是我的先祖姚鼐手植,历经三百年沧桑而成参天大树。我想当时它也只是一棵小苗而已,否则惜抱先生无法亲自种植。买大树栽大树基本是当代中国人的发明,其他国家少有,中国古人这么做的也不多,实行者多半具有暴发户的心态。大树藏于深山,你硬要连根拔起,放在自己的园子里以作炫耀,那参天大树除了能够做你金钱收买与绑架行为的证据外,其他还能说明什么?我时常想,这么大的一个校园,能栽几千棵树,现在已经种了上千棵可称为"树"的树,也有几棵比较大的树,但没有一棵是我亲手种的。我能不能也种一棵或几棵小树,让他陪伴学校慢慢长大?育人更不能太短视,不能太势利。凡为师者都希望得天下英才而教之,然而政府不能只举办英才教育,不能只为英才办教育。换一个角度说,我们看不上"差生",但"英才"会不会服我们?我以为,学校与学生还是应该在相互适应、教学相长的过程中共同成长。

改革开放到今天,成果有目共睹,但问题也非常多,最主要的问题是因为无所不在的短期行为导致发展的不可持续。多少年受欺凌,我们实在是穷怕了,希望立刻富起来的迫切心情可以理解,但要立足长远就要牺牲部分眼前利益,祛除浮躁心态。

执着于结果的幸福观难以给人带来幸福。让我们以平和的心态、从容的心情,一步一个脚印踏踏实实地往前走。当有一天我们自信地回眸时,我们会为自己的"独立"而自豪。

幸福的港湾需要用心经营

我们经常将家庭比作港湾。船在外航行久了总要回泊到港湾休整,即使是核动力航母也不可能永久地漂泊在海洋上,何况是人呢?但幸福的港湾需要我们自己用心去经营,不要指望别人会带给你一切。别人可以给你财富但很难给你幸福。我们稍微动点脑筋就不难明白这个道理。

家庭是什么?无非父母夫妻儿女。对父母孝顺,对妻子(丈夫)恩爱,对儿女尽责,家庭就和谐,和谐就幸福。我和妻子从未红过脸,我从未骂过儿子更别说动手打,但我猜得出来那些动辄兵戎相见的家庭为了些什么。一个人要是不想好好过日子那尽管去折腾,但凡想要好好过日子,就一定有好日子过,除非遭遇天灾。

人天生就要有担当,要负责任。其实不仅人如此,我以为一切生物皆如此。万物皆须切实演好自己的本来角色,世界才能平安。

对父母要尽孝。孝顺孝顺,不顺则不孝。现在已不是"父为子纲""父叫子亡子不得不亡"的时代,但我们有没有因为自己的不孝而让父母不顺心的时候?"子欲养而亲不待"是人生一大痛苦,所以,我认为什么时候尽孝都不晚。有多大能耐使多大能耐,尽心而已。想要孝顺父母什么时候都有能力!等啊等,等有了所谓的能力的时候一切都已枉然。尽孝道也无须攀比,尽自己的最大能力,能力不逮空想无益,做点自己能做的事就好。自己的父母是父母,配偶的父母也是父母。不要以为孝顺父母是多沉重的负担,真正让你牵肠挂肚晨昏伺候的时候并不多,想清楚了就知道畏惧是多么的可笑。千万不要以为别人家的老人多省事，我们家的老人怎么就那么事多！态度，还是态度问题，态度决定一切。做不孝顺的子孙你能安心吗？假如不能，那就立即行动。

有什么故事可以拿出来分享呢？我问问你，你能让双方父母生活在同一屋檐下而相安无事吗？我的母亲和岳父岳母曾长期生活在我的家里，而且远不止一次。这仅是一个长长的故事的题目而已，故事里面有无数的小故事。我不是一个无心无肺的人，这些故事将使我的晚年更幸福。我今天在尽孝实际上是在存储幸福，今天存得越多，将来可供享用的就越多。我信这个理。

我们没有办法选择父母，但我们有办法选择配偶，我们挑来挑去，最终在人群里选中了"他"或"她"，到头来为何反做了仇人呢？我一向认为，最亲密的关系是夫妻关系。一个人与父母的关系不好、与子女的关系不好自然是不幸的，但只要夫妻关系好至少还有暂时的甜蜜与幸福。假如夫妻形同陌路人，则他（她）就没有一刻是幸福的，除非他（她）从来就是孤家寡人。据我了解和推测，除了背叛，夫妻大战的导火索多是些小事，双方各让一步一定海阔天空。我们往往埋怨对方为我做得少，但我们为什么不仔细检讨为对方做了些什么。如果你真心地认为对方的幸福比自己的幸福还重要，你就会觉得能够为他（她）付出正是你的幸福所在，而这样的机会并非何时何地都有。你也完全不必担心只有付出没有收获，请你相信上帝是公平的，生活是公平的。再甜蜜的夫妻也不可能是神仙，神仙也分来路，所以夫妻间有不同的生活见解是很正常的。虽然我确实一时记不起来与太太有什么异见，但我想一定是有的，只是暂时没有碰到而已。战争是解决问题的一种方式，战争是愤怒到极点时的下策，但夫妻间真的不应有"武力"，哪怕从此各奔前程。而问题是"武力"解决不了任何问题，或者看起来暂时解决了问题却引发了更大的问题。珍惜这种缘分吧，哪怕他（她）骂你！除了他（她）还有谁愿意骂你呢？满世界的人不是随便什么人都愿意和你结婚的！

孩子也是你的选择，你完全可以选择"绝后"，但你没有作出那样的选择。既然有了孩子，就应该感谢生命。生命给了你荣誉和快乐的同时也给了你责任，你必须承担这个责任，何况这里面并无多大困难。

《围城》所谓"城外的人想冲进去，城里的人想逃出来"描绘的终归是一种心态。我以为"想冲进去"是永恒的，"想逃出来"是暂时的。家庭生活是供人享受的而非消遣人的，关键看我们自己。老人要孝敬的，孩子要带的，菜要买的，饭要做的，衣要洗的，钱也要挣的，书还要读的，街也要逛的，你的本事在于调和。什么时候做什么事，什么时候以什么事为主，抓住机遇，踏踏实实去做，总能做成几件事。家庭与事业并不矛盾，但假如就是有矛盾，一般来说还是要兼顾的。我辈既非季羡林也非戴安娜，做太大的牺牲并无必要。我们既不打天下也不造原子弹，实在不好意思说"忙得顾不了家"。工作是为了家，而温馨的家庭生活有助于更好地工作，我们有什么理由不去好好地经营这个家呢？

幸福似乎有点微妙

据媒体报道，世界上幸福指数最高的国家是不丹——喜马拉雅山南麓的一个小国。不丹的语言当中根本没有"发展"这个词，不丹人均GDP世界排名很低。另外还有快乐指数世界第一的瓦努阿图——离澳大利亚飞行三个小时距离的太平洋小国，GDP总量世界倒数第一。据到这两个国家采访的中国记者报道，这两个国家都很少应用科技手段，几乎没有有效的大众传播方式，互联网速度慢到让人不能忍受。这两个国家的民众对别人到底有多幸福几乎完全不了解，只知道自己过得还不错。著名社会学专家、清华大学社会学系教授、博士生导师孙立平认为，幸福要紧的不是我们有什么，而是我们有什么而我们的邻居却没有。有人说，现在全中国人得了一个共同的病，这个病就是全体不幸福。虽然有些夸张，但问题确实不容小视。不丹和瓦努阿图的幸福显然不是我们想要的，开放的中国已经永远不可能再回到封闭的桃花源中！然而，我们如何找寻自己的幸福？

什么是幸福？定义是徒劳的。有一点似乎可以肯定，即幸福与富有是两个不同概念。幸福可以不富有，而富有不见得一定幸福；不富有甚至贫穷照样可以生活得很幸福或者比较幸福。我们总认为不"富有"何谈幸福，甚至认为拥有财富就拥有幸福。不少年轻人将追求幸福混同为追求财富，以为别人比自己更富有，因此别人一定比自己更幸福。或者认为自己比别人"欠富有"一点，于是就异常沮丧，整天觉得不幸福。我身边的很多年轻人，其实过着还算是衣食无忧的日子，当然无豪宅豪车，也无法一掷千金。然而豪宅豪车一掷千金毕竟是少数人的生活，况且即便拥有这些也不见得幸福。所以，我觉得我们可以"幸福"，带给我们幸福的人是我们自己。

我的亲朋中有不少人家境很不好，甚至非常困难，每每想到他们的困难我甚至杞人忧天到近乎窒息的感觉。其实他们并非我想象的那般沮丧，反而有滋有味地生活着。《白毛女》中杨白劳"满天风雪一片白，躲债七天回家来"，"人家闺女有花戴"，他家"钱少不能买"，只能"扯上二尺红头绳"，父女二人因此高兴起来，一时沉浸在幸福之中。虽然物质生活已经极度贫乏，但没有谁能够剥夺他们的幸福，"幸福"牢牢地掌握在自己的手里。深陷绝境的人也会拥有至少是片刻的幸福。即便是濒死的人，死在心爱的人的怀里仍有幸福的感觉，而且这种幸福感还可以温暖活着的人。而我们，头脑正常，四肢健全，身体健康，工作稳定，家庭平安，冻不到，饿不着，还说什么不幸福，那只能说是身在福中不知福。

幸福是一种感觉，是一种心理活动，与个人的认识有很大关系。所以，对于幸福的获得，内心的修炼也许更重要。假如没有一颗知足的心，没有一颗感恩的心，则幸福感不太可能自然而然浸润在人生的每时每刻。幸福感会随着人生的际遇和心境的不同而起伏，也会因幸福久了而失去感觉，没了幸福感。人心无足，贪欲如不能得到遏制，则幸福永远不会到来。我们憧憬神仙般的快活，如果真做了神仙，则又觉得神仙不过如此。神仙有神仙的幸福，凡人有凡人的幸福，其幸福的品质未必有高低之分。今天是凡人，我们就要现在幸福，不要奢望等成仙了再幸福，那样你会永远得不到幸福。有个小故事：一对平民夫妻躺在床上憧憬未来。丈夫说："我要是做皇帝，一定用黄金做一条挑水的扁担，天天用黄金扁担挑水。"妻子说："你要是做了皇帝，我一定天天给你烙大饼。"丈夫又说："待寡人与你卷大葱。"这对夫妻，丈夫在皇宫当差，虽然白日做梦想当皇帝，可当了皇帝还要挑水，只要扁担是黄金做的，他们就幸福。有大饼卷大葱，他们同样幸福。而真皇帝，恐怕很难在这两件事上找到幸福。知足者常乐，不知足其实苦了自己。无可选择，拥有了，就幸福；有太多的选择，就会发现无法拥有，于是就痛苦。幸福是可以创造的，幸福是可以自为的，靠别人的恩赐是得不到恒久的幸福的。

日本作家栗良平的《一碗阳春面》我们也许不陌生。一碗阳春面不仅给了母子三人除夕夜的幸福，也给了他们一年的幸福。而那温暖的回忆会带给他们一辈子的幸福，甚至我们都感受到了他们的幸福，而且我们突然觉得自己也是幸福的，这就是艺术的力量。

小说中写道："于是，老板夫妇就把'一碗阳春面'的故事告诉他们。并说，看到这张桌子，就是对自己的激励。而且，说不定哪天那母子三人还会来，这个时候，还想用这张桌子来迎接他们。"

"就这样，关于二号桌的故事，使二号桌成了幸福的桌子。顾客们到处传颂着，有人特意从老远的地方赶来，有女学生，也有年轻的情侣，都要到二号桌吃一碗阳春面。二号桌也因此名声大振。"桌子居然都是"幸福"的！幸福感是会传染的，那母子三人的幸福感温暖了一个国度，甚至温暖了全人类。

其实，幸福就在我们身边！只要愿意，我们每时每刻都能拥有！

人不可太过爱惜自己的毛羽

毛羽者，羽毛也。人之"毛羽"，声誉之谓。《后汉书·王符传》曰："其贡士不复依其质干，准其才行，但虚造声誉，妄生羽毛。"《周公·晋荡公护传》曰："所好加羽毛，所恶生疮痏。"谚云，雁过留声，人过留名，一个人要是不顾名声则不可救药，但一个人要是太重声誉多半也是作茧自缚。人之初得名多半靠自己的努力而于不经意间得来，而一旦成了得奖专业户，心思往往就不够专注，做事就有了"范儿"，凡事注意形象，在乎外界评价，缩手缩脚，动辄以"模范"的标准要求自己，不太愿意混同于"一般人"，从此活得很辛苦，事业反而走下坡路，很难再有新成就。譬如文学艺术大家，盛名之后难有"第二春"，道理亦在于斯。

我读中小学时拿过不少奖状，印象里只要学校发奖状，差不多都有我的，直到读大学时还获得过校级"三好学生"，至今还有证书为证。工作前五年，除业务竞赛获奖外，好像什么综合荣誉也没有得到过。一是工作业绩平平，二是老教师太多，根本排不上。从第六年开始就接二连三地获得荣誉，最终获得"全国优秀教师"和"特级教师"称号。这些荣誉虽并非领导的凭空赏赐，但要盘点一下，还真的有点汗颜，特别需要用一句套话来表述：离不开领导的培养，同志们的帮助。其实还有上不了台面的原因，那就是运气，或者简直就是沾了机会主义的光。

我虽然从来不争荣誉，也不害"红眼病"，但也会因为得了一点荣誉心里很受用。我曾多次拒绝荣誉，原因不在我厌恶了荣誉，而在我非常怕填表和写"事迹材料"。因为翻来覆去就那么几件事，怎么看都不像"先进"。我的身体一向很好（这是一件不能炫耀的事），所以我不可能带病坚持工作；我特别爱我的家人，譬如房屋装修等一类啰嗦而麻烦的事都由我承包；我不抽烟、不喝酒，甚至有一段时间还不喝茶、不打牌、不钓鱼、不贪饭局，老婆孩子稍有点头疼脑热我立马去医院和药店，所以我不会哭着说"对不起我的家人"；如果碰到歹徒打学生我也会奋不顾身舍身相救，但你不一定会相信，因为至今没碰上，而且我也真心祈祷一辈子别让我碰上，学生的命重要，我的命也重要；我每天的工作时间很长，但这是我自愿的，没有人逼我，而且麻烦的是我工作着便快乐着，"窗前的灯光"虽熄得不早，但我的睡眠足够，完全不会熬红了眼；曾经想以儿子的名义悄悄帮助一两个贫困生，结果差点被"知恩图报"的家长从儿子班主任那里追问出来，后来只好作罢；当班主任期间虽经常家访，但从来没有背学生跋过山涉过水；虽然爱学生爱课堂，教书认真，自认为没有误人子弟，但也没有研究出什么"法"来，更谈不上什么思想；教过几个学生，但远未桃李满天下……所以，我看自己，非常心虚，怎么看怎么不像"先进"。我做着自己职责范围内的事，而且是我赖以生存的"饭碗"，做的又是自己喜欢的事，哪里还需要额外得个什么荣誉呢？因此，获得"特级教师"以后我下决心不再要什么荣誉。

荣誉一多，声誉渐生，渐渐就有了一点"名"。这个"名"一定程度上就是个枷锁，使你在不自觉中失去了自由。今天被要求作报告，明天被邀请出席座谈会。既要领会领导的意图，又要照顾到群众的呼声；既为平民之身，又要装作圣贤之态。从此开始按照别人希望的样子去生活，时间一长，自己就认不得自己了。被人捧惯了，逐渐觉得自己非同一般人，自以为"行为世范"，此时就完全认不清自己了。我偶尔也会受到兄弟学校包括高校以及一些地区教育教研部门的邀约，搞所谓的"学术讲座"，我一律谢绝，戏称"别害我"。不"学"何来"术"，更何况还要到关公面前耍大刀，正所谓费力找不自在。《中国教育报》是我每天必翻的报纸，面对那些"著名××"我深感惭愧，既然"著名"，我怎么不知道呢？所以，

"著名"也是有圈子的，我没有进入他们的圈子，自然什么"名人"都不认识。

某次开发区教师节表彰大会结束后，我在会场门口等候领导出来，我要代表附中同事当面表示感谢。吴斌书记问我"你怎么一次都不上台"，另一位领导说"校长一向很低调"，我说"我和每一位老师分享喜悦，这是最好不过的事"。我承认到开发区后在"评先"的问题上我一直"不太配合"，因为我觉得由于筹建附中的缘故，我在开发区的曝光率已经不低，已经超出了我能接受的底线。我由衷地希望不要一表彰就有我，那样总在别人面前晃来晃去的非常不好。不仅对我本人不利，对附中也不利。不要总是摆出一副"非我莫属"的架势，这样的心态是有毛病的。

某天晚自习前，高一（8）班的三位学生代表到我办公室，给我颁发了一本荣誉证书。我被他们班评为"我们心中最给力的好好校长"，见证人是他们班的全体同学，都在证书上签了名。这是我仅有的一本只有签名没有盖章的证书。我视其为教师节的一份特殊礼物，但并不因此认为他们真正懂得我。他们到附中才两周，这么轻率地将一份至高无上的荣誉送给我，说明他们是感性的。但我承认，比较起来，我更在乎来自学生的评价。

我的行政班子中的一些年轻同事经常说我不太关心自己的"待遇"问题，他们"教导"我该要的还是应该争取，我总是说"已经不错了"。这是真心话。所以，我从不向领导反映个人的待遇问题。没有人嫌待遇高，我们跟钱都没有仇，但假如你的待遇高到有点过分的程度，你会发现自己就成了大多数人的"敌人"。"高待遇"不见得能带来高质量的生活，更不一定能带给人幸福。待遇好了人就会恋位子，一旦"恋"上，直立的身子就有可能要匍匐，而能够挺直腰杆子比什么都重要。人是立体地活在社会当中的，你所呈现出来的不可能只是一个"面"，如果只执着于一时之得，也许失去的会更多。我的意思是，不争待遇并非什么思想境界高，也只是一种生活态度而已。

记者在报纸上给我戴的帽子是"个性校长"，我想可能源于我对某些问题毫不掩饰地发表了一些显而易见的道理。但我不承认自己是所谓的"个性校长","个性××"的称呼在我看来似褒实贬。我崇尚实事求是，厌恶虚张声势，不习惯被别人吹捧，也不热衷吹捧别人，不懂关系学，但有的是朋友，不打搅别人，也怕被别人打搅，所以没有朝夕不离的"闺蜜"。自己认准的事就努力做，达不到目标就拉倒，生活还得继续。我希望自己始终是个不被关注的小人物，那样就可以专心做事。如果声名日隆，就好像穿了一条刚熨好的裤子，站也不是坐也不是，于是只能无所事事了。

如果我们本是一只能够自由翱翔天宇的雄鹰，仅仅因为怕折断翅膀就躲在屋檐下，用本来可使别人插不上嘴的利喙反复呵护自己的毛羽，还不如干脆折断自己的翅膀，放弃蓝天，在大地上做个直立行走的动物，如此倒是无牵无挂。

既有庄子，就不应有《庄子》

《庄子·逍遥游》曰："至人无己，神人无功，圣人无名。""无己""无功""无名"，境界至高无上。我们都希望生活在庄子营造的理想世界中，但估计都不愿意像庄子本人那样生活。

我对老庄哲学有些兴趣。深究原因，无非是厌倦无谓的竞争。另一方面，说明自己不够强大，在激烈的竞争中，没有必胜的把握。在不能向前冲的时候选择逃避，乃人之常情。当校长之初，我请一位书法家朋友帮我写了一幅字，内容是魏征《谏太宗十思疏》的最后几句话："简能而任之，择善而从之，则智者尽其谋，勇者竭其力，仁者播其惠，信者效其忠；文武争驰，君臣无事，可以尽豫游之乐，可以养松乔之寿，鸣琴垂拱，不言而化。何必劳神苦思，代下司职，役聪明之耳目，亏无为之大道哉？"大意是："选拔有才能的人而任用他们，选择好的意见采纳它，那些有智慧的就会施展他们的全部才谋，勇敢的就会竭尽他们的威力，仁爱的就会广施他们的恩惠，诚信的就会报效他们的忠心，文臣武将都能被重用，皇上垂衣拱手就能治理好天下，何必劳神苦思，事事过问代替百官的职务呢？何必劳损聪明的耳目，违背无为而治的方针呢？"但这幅作品裱好以后一直未上墙悬挂，因为我发现，那只是理想，根本做不到。我想，其时是李世民做皇帝，如果换作魏征做皇帝，魏皇帝未必比李皇帝更能"垂拱而治"。有人说，在学校里，只有一把手才能看到墙壁上的鞋印子。道理亦在于斯！

《庄子·天地》曰:"黄帝游乎赤水之北,登乎昆仑之丘而南望。还归,遗其玄珠。使知索之而不得,使离朱索之而不得,使喫诟索之而不得也。乃使象罔,象罔得之。黄帝曰:'异哉!象罔乃可以得之乎?'"大意是:黄帝游历于赤水的北面,登上昆仑山向南望。返回时,遗失了玄珠。让知、离朱、喫诟去寻找都找不到。于是请象罔去寻找,象罔找到了。黄帝说:"奇怪呀!象罔怎么就可以找到呢?"文中的"玄珠"喻指道;"知"喻指智慧;"离朱"乃目聪之人,"察针末于百步之外";"喫诟",巧言善辩之人,另一说为大力士;"象罔","似有象而实无,盖无心之谓"。黄帝丢失了"道",只有"无心"才能找到,有心寻找反而找不到。《庄子·天地》畅言"无为",称颂天德。道理并不深奥,但我认为全是理想主义者之梦呓。庄子之学有其科学道理,但要完全付诸实践除非回到"动物世界",要么等到共产主义实现。所以,庄子之学,我们可视之为咖啡、音乐,品一品,听一听,庶几可以提高品位,完全靠它过日子,估计寸步难行。

大禹是与尧、舜齐名的古代贤圣帝王,但《庄子·天地》认为因他"有为"而致后世祸乱。"子高曰:'昔者尧治天下,不赏而民劝,不罚而民畏。今子赏罚而民且不仁,德自此衰,刑自此立,后世之乱自此始矣。夫子阖行邪?无落吾事!'俋乎耕而不顾。"翻译过来的意思是:"子高说:'从前尧治理天下,不必行赏而人民却能向善,不必行罚而人民却能戒恶。现在你行使赏罚而人民却不仁爱,德行从此衰落,刑罚因此兴建,后世的祸乱从此开始了。先生为什么不走呢?不要耽误了我的耕作!'低下头耕田,而不再回顾。"我的理解是,在这一点上《庄子》完全是本末倒置。尧生禹之时代,未必不是另一个"禹"。

另一段写道:"子贡南游于楚,反于晋,过汉阴,见一丈人方将为圃畦,凿隧而入井,抱甕而出灌,搰搰然用力甚多而见功寡。子贡曰:'有械而出灌,一日浸百畦,用力甚寡而见功多,夫子不欲乎?'为圃者仰而视之曰:'奈何?'曰:'凿木为机,后重前轻,挈水若抽,数如泆汤,其名为槔。'为圃者忿然作色而笑曰:'吾闻之吾师,有机械者必有机事,有机事者必有机心。机心存于胸中则纯白不备。纯白不备则神生不定，神生不定者，道之所不载也。吾非不知，羞而不为也。'"翻译过来的意思是：子贡在南方的楚国游历，返回时在晋国的路上，经过汉阴时，见一位老人准备种菜，挖了一条地道通向井，抱着一个坛子取水浇灌菜地，但是明显看得出花费的力气很多而成果少。子贡就对他说："现有机械用来灌溉，一天可以浇灌一百块菜地，花费的力气很小而成果大，您不愿意用吗？"种菜的人仰头看着他说道："怎样？"子贡对他说："用木头做一个机器，后重前轻，提水就像抽水一样，出来的数量多得就像水开了往外溢，这种机器的名字叫作槔。"种菜的人脸有愤怒之色冷笑着说："我听我的老师说，有机械必然有投机取巧的事，有投机取巧的事必然有投机取巧的心。投机取巧的念头存于胸中，就纯洁不再具备，纯洁不再具备，就会心神不定，心神不定的人，是不能得道的。我不是不知道这种机器，是羞于用它而不用啊。"谁说《庄子》所言没有道理呢？但我们愿意做那个丈人吗？

事非经历不知难！

在当今中国，如果我每个月有人民币一万多元的收入，且既不需要工作，又不需要与人"磨牙"，还有人拍着胸脯保证我的财产至少可以保值，那么，虽然我谈不上无为而治，但至少可以做到清静无为，甚至可以适度地抒情。如果愿意，还可不时作逍遥之游。问题是，我没有碰到这样的好事。所以说，庄子之学，可作修心之学问，难作为政之理念。果真"无为"，既有庄子，就不应该有《庄子》。

法国社会心理学家古斯塔夫·勒庞是群体心理学的创始人，1895年出版了《乌合之众：大众心理研究》一书。勒庞在书中指出，群体一旦形成，便具有某种与个体显著不同的集体人格特征。"聚集成群的人，他们的感情和思想全都转向同一个方向，他们自觉的个性消失了，形成了一个集体心理。"集体心理与个体心理的本质差别表现在群体的低智化和情绪化倾向。"当人们聚集成一个群体时，一种降低他们智力水平的机制就会发生作用。"因此，"一切群体，不管其成员如何，全都患有智力低下症"。与智力低下症相对应的是情感冲动症。群体就像不稳定的流体，受制于一切刺激。这使得群体具有极端多变的特点，"一刻不停地从一种感情转向另一种截然相反的感情"。"他们可以先后被最矛盾的情感所激发，但是他们又总是受当前刺激因素的影响。他们就像被风暴卷起的树叶，向着每个方向飞舞，最终又落在地上。"总之，与组成群体的个体所处的社会地位以及所受教育等完全无关，"在群体特有的特征中，他们表现出极少的推理能力，他们没有批评精神，轻信、易怒并且头脑简单"。为什么大学里存在大学以外所有的丑恶现象？说明理性选择"与组成群体的个体所处的社会地位以及所受教育等完全无关"。在公共生活领域，学者群体并不比非学者群体更高明。

　　生活在2300年前的庄子如果再生于今天，且置身在勒庞所描述的群体里，他将选择法治、德治还是无为而治呢？

学习可以是快乐的吗

子曰:"学而时习之,不亦说乎?""学"是学习,"习"本质上还是学习。显然,孔子认为学习是一件快乐的事。如果我们今天就"学习是否快乐"作一个问卷调查,我猜想的结果是:那些已经脱离或不曾受到应试教育蹂躏的人,差不多都要肯定地回答"学习是快乐的";那些正在倍受应试教育煎熬的人,差不多也不能肯定地回答"学习是不快乐的",因为他们找不到充分的理由、铁证如山般地证明"学习是痛苦的",尽管现在事实上自己并不怎么快乐。所以,我在这里可以和稀泥地认为:学习可以是快乐的,学习应当是快乐的。

首先说明,以下所述"学习""读书""教育"在本文可视作同义。

"学习是快乐的"的现象学解释是,通过学习,不认识的我认识了,不会的我会了。这难道不是一件快乐的事吗?"学习是快乐的"的心理根源是,我们借由学习能更好地认识自己以及我们赖以生存的世界,进而有目的地改变自己、改变世界。由"不认识"到"认识"到有条件地"支配",我们因此感受到了生存的快乐。由于我们以及我们存身的世界有无穷的未知领域等着我们去认识,所以"学习"是不可能停止的一件事。因此,我们也不必担心快乐的源泉会枯竭。

《庄子》有云:"吾生也有涯,而知也无涯。以有涯随无涯,殆已!已而为知者,殆而已矣!"知识是学不完的,须得有所学有所不学。但凡兴趣所在,学习就是快乐的事。学而无趣,自然是不快乐的。人若自立,必得掌握基本的生存本领，所以，有些知识和技能是一定要学的，与兴趣之有无关系不大。有兴趣自然是好，无兴趣也要逼着自己去学。这些"基本的生存本领"未必有全球统一的规定，我的理解是，在中国差不多就是要有质量地完成九年义务教育。初中毕业了，就能够成为合格公民，就能够适应现代社会生活，就能够自立。再进一步地学习，就应当考虑自己的兴趣。即使因"为中华崛起而读书"的宏大理想驱使，无悔于"头悬梁，锥刺股"，长久地忍耐、克制也必定要建立在非凡的追求而带来的特殊快乐之上。没有那种特别的兴趣和快乐，艰苦而深入地学习是不可能坚持下去的。

人道的教育应当建立在兴趣之上。在西方，教育一词源于拉丁文 educate。本义为"引出"或"导出"，意思就是通过一定的手段，把某种本来潜在于身体和心灵内部的东西引发出来。从词源上说，西文"教育"一词是内发之意，强调教育是一种顺其自然的活动，旨在把自然人所固有的或潜在的素质，自内而外引发出来，以成为现实的发展状态。中国教育同样强调"启发"，故汉语中的"教育"一词也有"内发"的涵义。现在提倡教育要实现多元化、差异化、个性化，就是基于促进每个人的健康成长从而达到教育对人的全面尊重的目的。

2011 年中国出版图书 37 万种，是美国的两倍。目前，中国年出版图书世界第一、日报发行量世界第一、电子出版物总量世界第二、印刷业总产值世界第三，出版大国名副其实。单就中国的出版物而言，99.9% 的中国人阅读量达不到其中的万分之一甚至是两万分之一。可见，学习是适可而止的事。知识可以划分为若干类型，那些专门领域的专业知识是由专业人士发现并为专业人士准备的，对普通人并无直接的意义。所以，即使凭着兴趣和好奇心的驱使去学习、阅读，也应当是适可而止的。《论语·述而》："子在齐闻《韶》，三月不知肉味，曰：'不图为乐之至于斯也。'"孔子在齐国听到了《韶》乐，有很长时间尝不出肉的滋味，他说："想不到《韶》乐的美达到了这样迷人的地步。"自主学习和快乐学习是两个概念。当我们认为学习比吃饭还重要时，即使是自主学习，兴味盎然，亦终不知所以然。读书总不至于只是填充生命的一般工具。建设学习型社会，倡导"活到老，学到老"，学习固然重要，但学习并非生活的全部。忽视了生活的价值和意义，片面地强调学习、阅读的重要性，既非对人性的尊重，也不符合实际。因为生活中感到幸福和快乐的人不一定是手不释卷、学富五车的人。

不仅书是读不完的，就是要读和能够读的几本书到底应该是哪几本亦非确定无疑。读书、教书几十年后，我忽然对自己的阅读史产生了怀疑，怀疑自己到目前为止一直没读对书，或者说那些起码应该读一读的书至今未读。从怀疑读书始，进而怀疑自己的从业是否恰当，虽然已是不可更改的事实，但一直怀疑自己教书也许是个错误。读书是学习，从教也一直是在学习，尽管一边学习一边怀疑，但无论是读书还是教书，我依然觉悟到其中的快乐，一直不曾有改行的念头。我时常想，人的成长终归要靠自己靠实践，完全指望别人教是不可靠的。自己还是毛头小伙子，还没搞明白人情世故，就担负育人的大任，是非常冒失的。每每回想年轻的时候自己的作为，这个念头就油然而生。就某种程度而言，教育质量取决于教师质量，而教师质量就是教育质量。教师首先应当是快乐学习的人。不管是因为人生成长的需要还是专业成长的需要，读书学习无疑应当是伴随我们一生的。

读书应当是快乐的，但为何"读书苦"成为共识？一是因为即使以读书为乐的人也无一例外地"焚膏油以继晷，恒兀兀以穷年"，没完没了。自己不急，别人看着也急死了。二是读书或者说教育成了工具，晋阶的工具，竞争的工具。学习不单是为了提高自己，更重要的是借此打败别人。学习成了战争，而战争怎么可能是美好快乐的呢？就学校教育而言，恕我冒昧揣测，全世界的学生从中都很难得到快乐，但亦非每时每刻都痛苦万分，因此还能忍受。中国学生虽因应试教育而苦不堪言，但亦非点滴快乐都没有，一点说不清的诱惑和一种矛盾的心理伴随着我们的整个教育历程。让教育稍稍有点诗意、让校园生活稍稍有点诗意是可以做到的。有人说，学习负担是个伪问题，因为所谓负担是学生缺少学习兴趣所致，如果有兴趣学习，就不会感到是负担。我以为这种说法是"巧辩"。如果将教育看作是培养和塑造人的手段，是为"人"的健康成长服务的，那么我们就会发现中小学生的学习"负担"就是一种真实的存在，因为他们学习的很多东西无关"人"的成长，只关乎选拔与淘汰。如果我们认定教育就是选拔与淘汰，而我们又是"好战分子"，打败对手能带给自己莫大的快乐，那么所谓的"负担"问题就不是什么根本问题。虽然"负担"还在，但因为有兴趣，接受起来心理是坦然的。所以，我以为，教育首先要有"度"，其次要挖掘和尊重学习者的兴趣。

如果说学习不能带给我们快乐的话，在高等教育已进入大众化、普及化因而使得人们无法获得特殊优势的今天，那教育就剩下两种作用：维护稳定和促进消费。教育不能如此功利！就本质而言，教育应当带给人们幸福和快乐！

困境彰显人的潜能

美国盲聋作家海伦·凯勒的故事我早就听说过，但总感到不可思议，甚至完全搞不懂。每当我想起她的故事，我就想一定要搞清楚是怎么回事。我完全不能理解又盲又聋的人如何能成为作家，我觉得这样的人能够"自觉"就已经不容易了。她怎么能理解这个世界，如何与这个世界进行交流。但我一直无暇研究她的生平，所以我总是猜测，她要么是半盲半聋，要么是长大后才致盲致聋的，虽然前几年我在课堂上与学生一起学习过她的著名作品《假如给我三天光明》。我曾想一个又盲又聋的人，也许可以慢慢理解身边的物质世界，但她是如何理解我们共同的精神世界并把握了准确描述抽象世界的枯燥概念？我百思不得其解。最近我看了她的一些作品，知道她生活在有声有光的世界只有短短十九个月，然后因猩红热而与这个精彩的世界隔绝。开始我始终想从她的作品中找到半盲半聋的依据，当我感到快有点希望并分明感受到自己的无知得到解脱而快慰的时候，种种信息告诉我，她确实是个又盲又聋的人。

我至今不能完全理解她何以能成为作家。有谁能告诉其中的玄机？我有太多的不理解：她对光的感觉难道源于那短短十九个月的记忆？她对声音的感觉除了基于同样的记忆还有振动，而她又是如何把发声与振动这两种现象联系起来的？她是怎么感觉和理解母亲这个人的？她是怎么区分妹妹和布娃娃的？我知道莎莉文老师是改变她生活的重要人物，但她是怎么知道这个人是老师而非母亲？老师是个什么角色？我甚至不能理解她是怎么知道老师叫莎莉文的。现在我除了想了解海伦·凯勒成长的具体过程，作为教师，我还特别想了解莎莉文老师的工作状态和她的教学手段。一个老师能把盲聋人教育成作家，而我并不能让所有器官和肢体健全的孩子写好一篇短文，我们之间的差距在哪里？

我从结果推导原因似乎可以减少一点自己的无知。海伦·凯勒是个震惊世界的盲聋作家，这个结果是不容置疑的事实。在解答这个难题时，我只有努力地向标准答案靠拢。我不能完全理解其中的奥妙。如果有莎莉文这样的老师开讲座，我一定去当虔诚的学生。但我以为以下几点是其成功不可缺少的原因：第一，海伦·凯勒有很高的智商，同时有了解这个世界的强烈渴望。第二，各种感觉器官的功能在一定程度上能互补。对一个盲聋人来说，她的触觉和嗅觉器官也许非常灵敏，她的记忆力也许超凡。当她张开想象的翅膀突破感觉的某个屏障后，她可能从此进入正确的轨道，既一发不可收拾又能游刃有余。第三，用缺损的器官来感觉复杂的世界是极其艰难的事，过程极其艰苦，需要有极强的意志。第四，她必须生活在爱的世界里。没有爱，海伦·凯勒的一切都没有可能。

这个世界的作家多如牛毛，我们并不能了解多少著名作家或非著名作家的著名作品或非著名作品，我们对这个世界的理解并不一定完全需要借助于作家的教诲。但海伦·凯勒的人生和她的作品，首先颠覆了我们对这样重度残疾人的固有认识，我们不得不再次感到一切皆有可能。其次，他的作品能让我们进入到一个难以进入的感觉与感情世界，能带给我们极其重要的启迪，这其中的"独特"是其他作家无法替代的。

海伦·凯勒的人生时常让我情不自禁地问：人的潜能到底有多大？

小时候，我家每年都要请篾匠（竹匠）到家干活。我最佩服的是，篾匠蹲在地上编竹席子，一蹲一两个小时，甚至半天时间。尤其让我称奇的是，他们两只手可以同时从两边往中间或从中间往两边自由选择"经篾"，然后把"纬篾"放上去，再用尺子紧一下。他们的动作快得让你根本看不清，我总是担心他们会搞错，但他们几乎不出错，而且一边干活还一边说笑。我偷练过几次，屡次的失败让我感到他们是天才，我是做不到的。直到我的并不聪明的同学做篾匠后也练就了翻飞自如的手艺后，我才自信地认为，我如果练的话也能成。现在，我经常从各种媒体上看到关于奇人奇事的报道，有双手残疾的人练就了用脚趾拿筷子吃饭、拿笔写字、敲击键盘的，有肌无力患者用嘴叼笔写字画画的，诸如此类的很多。至于健全人中有绝活的就更多，如发刻、鼻烟壶内画、刁钻厨艺，甚至艺体方面的特长，等等。凡此种种，成功者，除了要有天分，不发愤练习也是达不到的。我每每看到这样的报道，除了深感自己的笨拙外，更多的是在敬佩别人的同时充满了对"人"的自豪、骄傲和敬畏。

人类正用自己的聪明才智拓展自身肢体与器官的功能，甚至要将自己的影响力延伸到太空。我相信就一定范围而言，人是无所不能的。人各有志，也各有所专，不同的人会成就不同的事业。我们的智商、禀赋、环境、经历会有所不同，我只能是"我"而非"他"，但有一点是一致的，即没有执着的追求是不能成就非凡的事业的。而人在顺境中，往往只能重复既有的技能，拷贝他人的思想，而当人陷入困境后，真到了置之死地而后生的时候，爆发出来的能量可能连我们自己都感到吃惊。

毫无疑问，海伦·凯勒丰富了人类的智慧，她完成了一项多数人难以完成的伟大工程，让"人"有了更多的自信。

文章憎命达

"文章憎命达"出自杜甫的《天末怀李白》:"凉风起天末,君子意如何。鸿雁几时到,江湖秋水多。文章憎命达,魑魅喜人过。应共冤魂语,投诗赠汨罗。"大概意思一看就明白,意谓有文才的人总是薄命遭忌。我还听到过一种说法:"国家不幸诗家幸。"这句话对研究文学艺术和从事文学创作的人来说,实在是发人深省。"国家不幸诗家幸",多少有些功利色彩,字里流露出"诗歌繁荣"与"国家兴盛"间的不调和。若改为"国家不幸诗歌幸",苍凉感或许可以稍微减轻一些。奥地利象征主义诗人里尔克亦有类似的诗句:"因为生活和伟大的作品之间/总存在某种古老的敌意"(里尔克《安魂曲》)。这"古老的敌意"就是冥冥中上天的安排,两者似乎不能兼得。"国家不幸诗家幸"语出清朝诗人赵翼的《题遗山诗》:"身阅兴亡浩劫空,两朝文献一衰翁。无官未害餐周粟,有史深愁失楚弓。行殿幽兰悲夜火,故都乔木泣秋风。国家不幸诗家幸,赋到沧桑句便工。"遗山乃元朝诗人元好问。"文章憎命达"和"国家不幸诗家幸"也许有些片面,但确实反映了一个规律,即过于平淡无奇的人生是难以孕育伟大的作品的。换句话说,伟大的作品出自伟大的作家,而伟大的作家必有不平凡的人生,这几乎是普遍规律。所以,像我辈,生在新社会长在红旗下,一帆风顺,除却无病呻吟还能写出什么东西来?难道太平盛世就诞生不了伟大的作品?这也未必。但没有跌宕起伏的人生经历,想写出伟大的作品则几乎不可能。从这个意义上说,"国家不幸诗家幸"用来叙说某位诗人是可以的，但不一定具有普遍意义，倒是"文章憎命达"更为恰当。

　　人之磨难有肉体上的或者说是物质上的，也有精神上的。李白、苏东坡生逢盛世，衣食无忧，而欧阳修更可谓少年得志，仕途虽有曲折，但最终还是做了高干。这一类人如果说"命"不"达"，则多半是精神上受了些折磨。而另一类作家，自身生活窘迫，长期未能脱贫，对"民生之多艰"有切身体会，不独精神上倍受煎熬，肉体上也受到折磨，"苦情"一表白立马震撼人心。这类作家中国古代如徐渭，当代如路遥，外国如巴尔扎克、狄更斯、奥斯特洛夫斯基等人，大略类此。像冰心一类过着平顺而悠闲的生活还能写出传世作品的作家是少之又少的，大概也只能写些"小儿科"之类。当然，"小儿科"也未必好写。

　　说到徐渭，我立刻觉得立志当文学大家的可笑。我以为，作家既非学校培养出来的，也非立多大志就能做好的。现在常说生涯规划，其实，"生涯"是很难作精细规划的。刚会在钢琴上敲出一段旋律，就做钢琴家的美梦，如此这般的心态浮躁和急功近利，是很难有什么成就的。作家，首先你喜欢写，其次你有东西写。"写"就是你的人生，"写"就是你的生活或业余生活，你要写出你的"心"，而非专为写成"作家"。大多数大作家是这样写成的。

　　徐渭，字文长，一生坎坷。他虽然有着强烈的功名事业心和报国愿望，却连举人也不曾考取。徐文长生性本来就有些偏激，连年应试未中，精神上很不愉快，又对胡宗宪被构陷而死深感痛心，更担忧自己受到迫害，于是对人生彻底失望，以至发狂。他写了一篇文辞愤激的《自为墓志铭》，而后拔下壁柱上的铁钉击入耳窍，流血如迸，医治数月才痊愈。后又用椎击肾囊，也未死。如此反复发作、反复自杀有九次之多。嘉靖四十五年，徐文长在又一次狂病发作中，因怀疑继妻张氏不贞，将她杀死，因此被关入监牢，下狱七载。晚年靠卖字画甚至卖书卖衣度日，终于潦倒而死。死前身边唯有一狗与之相伴，床上连一铺席子都没有，凄凄惨惨。更被传为奇谈的是，他的很多重要作品是被"识家"在其去世后偶然发现的。也就是说，如果没有这一意外发现，徐文长就不会有今天的文学地位。面对徐渭，我常感叹：伟大的作家是如何"炼"成的？古人写文章往往托名他人，而今人常常将别人的文章窃为己有，还没有发表几篇文章就想拼凑一卷文集，要么找"枪手"，要么干脆一通抄，而且还抄得理直气壮。

　　生来就准备当作家而且要当大作家，这将是一个痛苦的"规划"。一生顺当，你可能成不了大作家；一生坎坷，你也不过具备了当大作家的可能，到头来可能什么都不是。作家要有生活，但有"生活"不见得能成作家。"采风"本来是指对民情风俗的采集，一般特指对地方民歌民谣的搜集。汉代的乐府就是专司采风的机关，现在把艺术家深入生活也叫采风。为什么要采风？因为没了"生活"，没了创作的源泉，也即江郎才尽了。然而，几乎所有的巨作，都不会是作家刻意"采风"后完成的作品，譬如《钢铁是怎样炼成的》《红楼梦》《家》等。文学地位不是靠数量决定而是靠质量奠定的，大作家往往是一部作品定乾坤。乾隆爷是写诗最多的人，但我们记不住一句，所以他不是诗人。

　　我等欣逢盛世，但仍希望获得好的精神食粮，盼望能看到反映当今社会的鸿篇巨制，但非常遗憾。莫非真是"诗家不幸国家幸"？我不能妄下论断说文学艺术已经没落，但我发自内心地认为，诗歌真是"死"了。最近网络上热炒的所谓"羊羔体"，再次让我以为，当今的诗人靠写诗只能喝西北风是活该的。车延高以诗歌《向往温暖》获第五届"鲁迅文学奖"，我没有读过《向往温暖》，所以不清楚他是否堪当此奖。至于他以武汉市纪委书记的身份获得此奖我以为没有必要太奇怪，中国古代的大文人十之八九都是大官，郭沫若、茅盾也是大官，毛泽东也是诗人，关键还是作品的质量。我看到网络上疯传的"羊羔体"代表作《徐帆》《刘亦菲》，我对什么是诗歌感到茫然。我一向认为，没有了雅致，也就没有了诗歌。我们每个人都可以是诗人，但我们的作品要么只能敝帚自珍或孤芳自赏，要么就是一堆垃圾。文章谁都可以写，甚至不必矫情地自叹"命达"，"命达"也许更重要，但要写出传世之作绝非常人之可为。

　　杜甫云："文章千古事，得失寸心知。"曹丕说："夫文章，经国之大业，不朽之盛事。"贾岛说："二句三年得，一吟双泪流。知音如不赏，归卧故山秋。"古人为文，是何等的谨慎和执着。写出精彩的文章很难，哪怕随便写点东西都要有点毅力，毕竟写作是一份艰苦的脑力劳动，甚至要写作者付出较多的体力。我时常看看学校网站里的"知识博客"，深感遗憾的是不少老师只开了个头，此后极少更新。可能大家比较忙，我们都不是专业作家，写作不是我们的本职工作，因此永远不会有专门的写作时间。时间都是挤出来的。譬如此时，晚 23 点 15 分，我在写作，您在干什么呢？闲暇越多越有可能一事无成。难道文章还憎时多？

用人生的灿烂来做生命的礼赞

有种病叫 PKU（Phenylketonuria），翻译成中文叫苯丙酮尿症。苯丙酮尿症是一种常染色体隐性遗传疾病，主要是苯丙氨酸代谢异常。由于体内的苯丙氨酸羟化酶基因突变，使体内的苯丙氨酸羟化酶活性减弱或消失，造成摄入的苯丙氨酸不能正常代谢，从而使苯丙氨酸及其代谢产物在体内堆积，造成对神经系统不可逆的损伤。患儿主要表现出智力低下、癫痫发作、尿臭、头发发黄、行动困难失调等症状。因此这些患儿就要使用一些特殊食品，来降低血中苯丙氨酸浓度，防止神经系统的受损。饮食上应尽量避免摄入含有蛋白质的食物。PKU 主要是两种：一个是苯丙氨酸羟化酶引起的苯丙氨酸浓度的升高，这部分是需要特殊饮食治疗的。另一个是苯丙氨酸羟化酶辅酶的缺乏引起的血苯丙氨酸的升高，叫作 BH4D，这部分是需要药物治疗的。

这是一段并不太难懂的话。但还可以将其表述得更通俗。PKU 儿童，不能吃大米、面粉、肉类等含蛋白质的食物，终生不能吃，否则就会变傻。恕我短识，在日前看到中央电视台《新闻 1+1》的《"不食人间烟火"的孩子》节目播出之前，我是完全不知道有这种怪病的。我想象不出来吃米饭、面包居然可以让人变傻。我为此病之怪感到吃惊的同时，尤其佩服科学家的敏感和睿智。一般来说，我们很难将吃饭与弱智联系起来。怎可想象，我们一日不可缺的大米、面粉、肉类居然可以使我们变得智力低下？造物主实在是太会捉弄人，没饭吃我们得死，有饭吃我们可能变傻。

活着怎么就那么不容易呢？看了这个节目，我的第一感觉就是，我实在是幸运而幸福的。

PKU儿童可以健康成长，但前提是不能吃含有蛋白质的食物，且必须在其变傻之前通过医学筛查及时发现并立即采取措施。这就注定他终生不能吃大米、面粉、肉类等我们一般人的主食物，他必须接受特殊的食谱，而那些特殊食品一般都比较昂贵。由此可以想见，PKU儿童及其家庭面临的困难何其巨大。当我们被突然宣布终生不能吃含有蛋白质的食物时，脑海里的第一个想法也许就是"那还活着干吗"。然而，当这一刻真的来临时，我们还必须得接受。最主要的理由是"因为我们活着"。"活着"成了我们活下去的理由，"活着"成了艰难然而也要坚强地活下去的理由。生命的自由成长应当得到我们的尊重。假设佛教的轮回之说成立，那么，我们匆忙地结束现世，谁能保证我们来世就一定能跳出苦海。"六道轮回"或许荒谬，但在教人顺其自然方面具有一定的威慑力。我们要向善，要尊重自然，要敬畏生命。

人的生命力是极其顽强的。未到生命的绝境，我们也许很难想象到生命的美好。史铁生说："人有三种根本的困境。第一，人生来只能注定是自己，人生来注定是活在无数他人中间并且是无法与他人彻底沟通。这意味着孤独。第二，人生来就有欲望，人实现欲望的能力永远赶不上他欲望的能力，这是一个永恒的距离。第三，人生来不想死，可是人生来就是在走向死，这就意味着恐惧。上帝用这三种东西来折磨我们。不过有可能我们理解错了，上帝原是要给我们三种获得欢乐的机会。"他在《我与地坛》中还有一句著名的话："死是一件不必急于求成的事，死是一个必然会降临的节日。"也许只有处在史铁生的境遇里，思想才能摩擦出如此耀眼的火花。

不必去想奥斯特洛夫斯基、海伦·凯勒、霍金、张海迪、史铁生，单是看到身边那些患高血压、糖尿病的同学、同事，我就觉得上帝对我特别厚爱，我就觉得没有任何理由抱怨生活的不美好，没有资格抱怨不幸福。尤其是糖尿病，这是一种常见病，大量的患者就在我们身边。他们不仅这也不能吃那也不能吃，严重的还要每天注射胰岛素。他们都会自己给自己打针。如果要出差，还得找一家医院或者随身携带便携式冰盒或冰箱，走到哪里都要打针。半年前，我的大学同学来访。吃饭之前，他的下属递给他一个比普通诊疗箱略小的箱子。他很轻松地对我说：我们很受罪，喝酒之前还要打针。说完就走到洗手间打针。我原不知道他有糖尿病，这也是我第一次知道那种"装备"。我给他准备酒完全是礼节性的；我滴酒不沾，他如不喝我丝毫不介意。但他喝了，喝得还不少。陪他喝酒的是他的同事，我则喝水。席间谈笑风生，丝毫看不出来有病。我的担心是多余的。酒是他的幸福快乐所在，生活要继续，而幸福快乐自然不能停止。但我想，他到底还没有被逼到那一步。真到了那一步，不喝也就罢了。没有比能够活着更重要。

遗憾的是，有不少人并不珍爱生命，还有不少人草菅人命。对所有生命抱有尊重和敬畏的态度还远不是人类的普遍态度。类似北京大兴"摔婴案"一类的残害儿童的案件不时发生；发生在宁夏的"灭门案"，杀人者一口气杀死妻子和岳父一家七口人，他的妻子还怀有六个月的身孕，可谓"七人八命"。每当看到不断重复发生在世界各地的生命体死于非命的事件，尤其是人类自残或自相残杀的事件，我的心情就非常沉重，甚至濒于绝望：在关于生存智慧方面，人类从来就没有任何进步！人是有复仇心理的动物，但人又是很健忘的动物。如恶劣性改不掉，人其实就是自然界中最一般的动物。自由或暴力都很难完美地维持好秩序。在此情形下，有一个世界警察未尝不好，然而由美国人来充当，我们好像也不太放心。似乎找不到出路。我们本不应如此艰难地活着。

几乎所有的死刑犯人都愿意倾家荡产赔偿以求活命。按说，即使判个死缓也将坐穿牢底，一辈子失去自由，与死差别不大。然而，好死不如赖活。只要保住生命，说明人还在这个世界上；而一旦踏进地狱的大门，就永无回头的可能。所以，即使毫无生还希望的脑死亡者，家属已不堪其累，但宁可其"活"着。可见，"生"对人的诱惑力有多大。陀思妥耶夫斯基《罪与罚》的主人公拉斯柯尔尼科夫在杀人后有一段思想活动："我是在哪儿看到过，一个被判处死刑的人，在临刑前一小时说过，或者是想过，如果他必须在高高的悬崖绝壁上活着，而且是在仅能立足的那么狭窄的一小块地方站着，——四周却是万丈深渊，一片汪洋，永久的黑暗，永久的孤独，永不停息的狂风暴雨，——而且要终生站在这块只有一俄尺见方，站一千年，永远站在那里，——他也愿意这样活着，而不愿马上去死！只要能活着，活着，活着！——只要活着就好！……多么正确的真理！"拉斯柯尔尼科夫"在哪儿看到过"的这段话出自雨果的《巴黎圣母院》。杀人者在杀人的时候无不抱定"大不了一命抵一命"的想法，真到了需要以命相抵的时候，没有人不流露出对生的留恋。不到此刻，不到活着面临困难的时候，我们很难理解艰难活下去的意义。到了这一刻我们就能深刻地领悟到活着就是幸福。

说到底，人非一般动物。人不仅要活着，而且还要有尊严地活着，为此宁可放弃眼前的诱惑。PKU儿童必须以巨大的毅力终生与"诱惑"斗争方可保证生命的质量。我们这些健康或基本健康的人，不仅要将同情、帮助和尊敬献给他们，更要热爱生命，珍惜生命，用人生的灿烂来做生命的礼赞。

怎样的教育能给人带来幸福

春节前,《中国教育报》关注到大学本科毕业生就业前到社会培训机构"镀金"才好就业的事,约我写了篇评论。我在文章的结尾写了句狠话:"大学如不助人'稻粱谋',不能保障人的生存尊严,其功能就矮化为促进消费和维护稳定,弃之有何可惜!"我曾撰文提"适度教育",我将"过度教育"的一部分功能归结为"促进消费""维护稳定"。不久前在报上看到的一篇文章,颇让我有些"震惊"。这篇文章的题目是"我国本科以上教育过度率超九成,或致严重抑郁"。文章提要中有这样一句话:"有学者研究表明中国教育 20 年教育过度率翻 4 倍。"我是第一次接触"教育过度率"这个概念。我没想到有专家会针对这个问题进行了较缜密的科学研究。

摘录相关内容如下:

所谓教育过度(overeducation)是指个体所拥有的受教育程度超过了工作所要求的水平。既可以从客观角度来测量,即当个体所拥有的受教育程度高于实际工作所要求水平,也可以从主观角度分析,即测量人们的教育过度感。"我国的教育过度就发生在这 20 年,特别是后 10 年。"北京城市学院公共管理学部老师刘金菊直言不讳指出:"以往说'教育过度',研究都集中在发达国家,而实际上发展中国家教育过度的现象可能比发达国家更为严重。"

刘金菊首次对我国从1990年至2010年的教育数据进行测算。测算结果让人咂舌：本科及以上教育过度率超过90%，这远远高于美国的51%。而从教育过度率整体情况来看：1990年中国的教育过度率仅为7%，2000年上升到12%，而到2010年又上升到28%，后10年的上升幅度大大超过前10年。我国高中教育水平的教育过度率仅次于本科，达到80%以上，远高于中专和大专教育水平。刘金菊还根据不同单位所有制进行了划分。她发现：外企和国企的教育过度率最高，达50%左右，而集体和个体企业的教育过度率较低。中国教育过度现象的显著增长与高校扩招政策的实施不无关系。研究还发现，教育心理健康收益并非随着教育水平的提高呈现递增趋势，而是呈现递减趋势；甚至在高端教育水平上无收益或负收益。教育过度产生心理健康负收益，即教育过度导致更严重的抑郁症状。数据分析表明，教育过度人群发生严重抑郁症状的概率要比一般人群高出27%。而教育过度的女性人群发生严重抑郁症状的概率要2倍于教育过度的男性人群。当然，教育过度对经济和社会发展也会产生消极影响。

作为教师，我经常思考一个问题：教育的目的是什么？或者说人为什么要接受教育？人是否需要"活到老学到老"？假如需要，"学"的内容是什么？进一步说，我们每个人接受的教育是否存在一个合理的"度"，什么是适合所有人的"度"，什么是适合"我"这个人的"度"？教育如何才能让人获得幸福、感受到幸福？受教育程度与人的幸福度之间是什么关系？假如受教育程度越高而幸福度越低，我们为什么还要接受教育？

我以为教育现代化的突出特点是教育的科学化、技术化，由此衍生出来的问题就是我们往往视教育为一种纯粹的科学与技术，认为教育存在的问题是可以通过科学和技术来解决的。因此，师范教育和教师培训无一例外的是教我们怎么上好一堂课，怎么上好一篇课文，似乎好课是有标准答案的。学校教育是有课程标准的，学生要掌握哪些知识是有量化标准的，而对这些标准的理解又见仁见智，所以在深度与广度的延伸上往往自由发挥。每一个学科的老师都认为自己这个学科重要，如果不能掌握将来会怎样怎样。所以减负减负，负担越减越重。我们的愿望是好的：让教师都成为教育家，让学生都成为精英人才。然而，我们的愿望无论如何都是无法实现的：都是教育家就无所谓教育家，都是精英就无所谓精英。

教育要适度。祛除过"度"的教育。以人为本，就是要提倡适性教育与适度教育。"适性"就是让教育尊重具体人的个性，而"适度"就是为了让我们明白，除了受教育我们还要享受生活。"生活即教育"，这里的"教育"显然不是指我们今天的学校教育。基于"适度教育"的理念，我历来主张学校教育尤其是基础教育要降低难度，减少教学内容。如果内容越搞越多，难度越搞越大，教育再科学技术化，甚至科学能够让人一年四季不睡觉，让所有人都能过目不忘，即使教师都是教育家，我以为照样不能使所有人成为所谓的精英。有一群脑科学家正在坚持不懈地干自掘坟墓的傻事：认为爱因斯坦的大脑也只开发了5%，他们拼命地想办法开发我们的大脑。但假如全世界的人都比爱因斯坦聪明十倍，毫无疑问，世界末日一定到了。教育似乎就是为了消灭差别，地区与地区的差别，人与人的差别。然而无差别的世界一定是可怕的世界。学生是有个性差异的，教师也是有各种类型的。教育的力量是巨大的，但绝非无限大，为每个人提供适合的教育则善莫大焉。

我的教育理想是让孩子们热爱学习，立志终身学习，所以我希望尊重孩子的个性。我不是教育无用论者，我认为教育是可以塑造人的，但人道的教育是在尊重人的个性的基础上适度塑造，而非完全不顾人的个性差异的肆意踩蹦。数学老师要将学生培养成数学家，物理老师要将学生培养成为物理学家；每一个学科都讲究专业体系，每一个学科都希望学生掌握本学科的思维特点，运用本学科的独特语言。结果学生放弃了很多养心养性的时间，将太多的时间花在根本学不会的知识上，花在学了未必有用的知识上。想要在所有领域都有所建树的天才是存在的，但实在是少之又少，一般人根本没有必要去做无用功。有心栽花花不开，无心插柳柳成荫，一心奔着诺贝尔奖去的人很难得到诺贝尔奖。一个人如果在中小学阶段就立志实现这样的目标，他的一生很难有幸福可言。

一个人需要接受起码的教育，但绝非接受的学校教育越多越好，尤其是那些可能已经脱离育人功能、脱离生活实际的所谓的纯粹的专业教育。忽然想起鲁迅先生写于1933年的短文《智识过剩》，这篇文章是杂文，不是学术论文。鲁迅先生未必赞成甚至根本反对"智识过剩"的说法。我也不赞成。那是1933年。

2015年第3期《海外文摘》有一篇文章《大学的意义》，其中有这样一段话：关于大学该发挥何种作用的争论，很久之前就已经展开。卫斯理大学校长迈克尔·罗斯提出，托马斯·杰斐逊对为学习而学习的观点十分推崇，而本·富兰克林则对那些花很多时间在演讲厅的人表示不屑。罗纳德·里根也是这样。1967年就任加利福尼亚州州长后，他对加州大学系统的财政支出和兼收并蓄的课程表进行了大幅削减，宣称不应当让纳税人"去资助知识分子的好奇心"，而且"某些知识奢侈品，就算没了，对我们可能也没什么影响"。奥巴马总统去年也呼吁建立一个评分体系，把毕业生得到高薪职位的状况作为大学问责的一项评估指标。这不无道理，毕竟高等教育的成本高昂，而且我们身处一个竞争极度激烈的世界。

当招聘保安开始要研究生学历时，环卫工招本科生时，北大毕业卖猪肉、本科毕业开出租车时……想想20多年的寒窗苦读，我们会不会有"智识过剩""教育过度"的想法？我们还感到幸福吗？

以奋斗成就幸福的平凡人

厦大附中的发展史就是一部内涵发展、质量兴校的奋斗史。在这里，奋斗是幸福快乐的自觉追求；在这里，奋斗本身就是幸福的；在这里，奋斗教育是对美好生活的诗意感受，是日复一日的踏实践行，是崇尚利他行为的美育。总之，在厦大附中，"奋斗"和"幸福"是互联的。

做幸福的平凡人不是什么都不追求，不是躺在那里不干事就幸福。如果你没有理想，不为理想而奋斗，你是不可能幸福的。幸福不仅是一种感觉，也是一种能力，需要用一辈子来修炼，因为生存的境遇是不断变化的。著名教育家苏霍姆林斯基在《致女儿的信》中说："做一个幸福的人，只能是在你成为有智慧的人的时候。""做幸福的平凡人"强调"幸福感"的重要。"幸福感"就是"满意感"。不满意则哪里来的幸福呢？"平凡人"就是指你我等众生。"不平凡"是个相对概念，而"伟人"是绝对少数。一个人，在孩提时代就立志成为"伟人"，一所中学，鼓励成千上万的学生为成为"伟人"而学习，不仅免不了失望，而且会失去"现实快乐"。让人幸福快乐是教育题中应有之意。如果你自己很幸福，又能给一大群人带来幸福，你离"伟人"就不远了。

"做幸福的平凡人"绝非教唆学生抛弃理想放弃奋斗甘于平庸，实际上是一种缓解生存紧张之术。"做幸福的平凡人"这句话的重点是"幸福"，至于"平凡"，这是不求自来的，而要过得幸福并非易事。我将这句话送给学生，实则告诉大家，对未来要有合理的期望值，不要太过强求，要快乐地追逐理想。不是不要理想，而是要幸福快乐地追求理想。向着理想人生前进就是奋斗的人生。

今天，在厦大附中，不会有人视"做幸福的平凡人"为一种佛系。大家明白，幸福是一种智慧，幸福是一种能力，只有通过奋斗才能成就幸福的平凡人。

在厦大附中，奋斗教育不是被夸大为单纯的"吃苦教育"，而是对美好生活的诗意感受。

奋斗源于热爱生活。只有憧憬美好生活的人才会奋斗。我们关注学生的"现实快乐"，实施人道的应试教育。努力让孩子们乐于上学，喜欢课堂，免于恐惧，让教育更加尊重生命，让校园更富有诗意，努力让全体师生过上稍稍有点诗意的校园生活。

我们不赞成社会达尔文主义。人是智慧生物，通过道德和法律的约束，催生必要的利他行为，有利于人这个动物种群的延续。人是自然的一部分，人当然无力对抗自然；但人能逐步认识自身、认识自然，因此能够有效地利用自然规律，有可能建立超越一般自然规律的理想社会。所以，无论自然之子之间、人与自然之间、人与人之间充满着多么激烈的生存竞争，正确的解决之道依然是不能放弃对精神世界的共同建构。只要有共同的精神追求，哪怕是只在精神大厦中拥有微不足道的一角可供安放自己的灵魂，不使自己迷失在单纯对物质的追逐中，那么，稍稍有一点诗意地栖居是完全可能的。

我坚定地认为，校园应当是诗意的存在。即使暂时还不是，我们也要尽己所能，努力营造这种"诗意"的氛围。不管诗的内在特征是如何定义的，诗给人的外在感觉是愉悦，哪怕诗的情绪是悲伤的，诗意则一概是美的。没有美便没有诗。所以，我所理解的诗意的校园就是充满着"美"和"好"的校园；我所理解的诗意地栖居就是能够暂时忘记无法改变的生存紧张。只要不奢求，诗意就在我们身边。一切能够缓解"生存紧张"，使现时及未来回忆充满美好的校园生活都可视为"诗意地栖居"。我们每个人奉献或与大家分享一点点美好，整个校园就会到处弥漫着大大的美好。

诗意生活是一种生活态度，与物质生活水平的高低没有太直接的关系。没有乐器，可以有歌唱；没有剧院，可以有音乐、戏剧；没有标准田径场，可以有运动；没有咖啡座，照样可以促膝谈心；没有书籍，依然可以有故事；即使陷入生活绝境，只要心中有诗，则依然有爱的依恋……对于富有生活情趣的人来说，生活总是富有诗意的。正因如此，我觉得老师一定要有生活激情，一定要做一个能够被感动的人。任何时候都不为所动的人，生活中是感觉不到诗意的。如果我们重视丰富自己的精神世界，懂得灵魂交流的重要和精神价值分享的意义，从小事做起，身体力行，就一定能够在平凡世界中诗意地栖居。如此，奋斗就不是以邻为壑式的竞争，而是共建精神大厦的合作。教会学生"爱"，让他体会到现实生活的美好并对未来美好生活充满无限憧憬，这就是奋斗教育。

在厦大附中，奋斗教育不是迷信精神力量的单调的"励志教育"，而是日复一日的踏实践行。

教育不相信奇迹，实现理想不能坐等奇迹出现。但在厦大附中，没有铺天盖地的标语口号，没有隔三岔五的励志活动。志不立，则天下无可成之事。"靡不有初，鲜克有终。"成功从来只属于持之以恒、不懈奋斗的人。"幸福都是奋斗出来的。"梦想是百分之百的投入，是百折不挠的追求。把蓝图变为现实，将奋斗进行到底，无不呼唤不驰于空想、不骛于虚声的奋斗精神，无不需要一步一个脚印踏踏实实地干好工作。

学校首先是读"书"的地方，这本"书"远不仅是教科书。既然是读书的地方，"刻苦"就应当永远值得赞许。刻苦读书与快乐学习并不必然构成一对矛盾。刻苦读书的人不见得学习不快乐，读书不刻苦的人学习未必就快乐。可能越刻苦读书的人反而是学习越快乐的人。在附中的校园里，手不释卷的人从来不会被看作"另类"，而是敬仰和仿效的对象。读书的态度其实就是做事的态度，通过读书养成好的做事态度，则什么事都可以做得更好，这不正是教育的目的？

在厦大附中，刻苦读书的动人场景随处可见。

有很多同学在食堂就餐，一边排队一边看书。有相当多的同学早晨6

点就到教室里读书。早饭是打包的，在教室里一边用餐一边看书。有不少同学中午不到宿舍午睡，继续留在教室里看书，困了就趴在课桌上打个盹儿。不少同学到操场做操时也是手不释卷。由于教学楼离操场远，做一次操往往需要30分钟，有些同学带着书边走边看。早到操场的要等5分钟以上，带着书的同学就站在那里看。早操音乐一响，书就被齐刷刷地扔到草坪上，大家开始做操。某个班级，有太多的同学要向老师问疑，为了不妨碍老师和同学，他们用小板凳排队，轮到谁的板凳谁就去和老师交流。

老师呢，让我感动的事更多。"教师生活在学生中"是我们的一个重要的教育主张。学生在成长的路上有老师陪伴，在奋斗的行程中师生一路同行。

多数老师每天在校的时间超过10个小时，很多班主任超过12个小时。早自习时、晚自习前，有很多班主任找学生谈心。很多初中部的老师，中午总是留在教室里辅导不回家的走读生。那些帮助学生开展社团活动的老师，常常错过吃饭的时间，全是无偿加班。有不少老师，自己掏钱买奖品奖励那些有进步的学生。那些学生成长导师们，常常与学生同坐在一张餐桌边，边吃边聊。傍晚的球场上，师生同场竞技，师生是对手也是朋友。诸如此类不胜枚举。坦率地说，工作如此投入的人今天并不多见。我并不赞成老师们不顾一切地拼命，但我觉得责备更没有道理，只能肃然起敬。理解和保护拼命工作的老师是我的责任。

学校因何进步？因为有这样的老师，因为有这样的学生。老师的专业能力强，学生的学业基础好，而师生又都是那样的刻苦用心。这就是奋斗的力量。天上不会掉馅饼，教育不会有奇迹。不付出，不努力，坐等奇迹出现是不可能有好结果的。就本质而言，奋斗无须教育，奋斗教育重在示范和践行。

在厦大附中，奋斗教育不是尊崇个人奋斗的单一的"狼性教育"，而是崇尚利他行为的美育。

当"提高一分，干掉千人"成为奋斗目标时，奋斗教育就走向了教育的反面。学校德育的理想境界是将德育与美育融合起来，实现利他行为的审美化，使品格完善和精神满足融为一体。通过审美情感的中介作用，以美启真，以美储善，学习知识，完善道德，塑造人格，升华灵魂，使受教育者自由自觉地成长为全面发展的人。在进行奋斗教育时，我们反对将人我对立，赞赏利他行为，注重共同发展。

"教育无非服务，服务是一种信仰"，这是厦大附中的一个重要办学理念。"干部服务群众，行政服务教学，全校服务课堂，全员服务学生"，是厦大附中的服务原则。师生志愿服务的广泛开展是厦大附中的重要办学特色。行为世范，教师通过服务学生成长，培育学生服务他人服务社会的意识。

"利己"是"人"之本性，有效德育必须建立在尊重个体的基础之上。目中无人便无德育。但是，目中有"人"绝不等于心无他人。德育就是要帮助人们养成世所公认的必要的道德规范。没有不需要"克己"的完人，故品德高尚的人是律己最严的人，是心中有他人的人。为什么我们培养了太多的"精致的利己主义者"？因为德育还停留在灌输、提倡、强制的层面，实用主义和功利主义盛行，德育没有入心。一旦外部环境发生变化，自私本性复萌，德育随之失效。

利他行为审美化，既是必须也不神秘。事实上，灵魂和人格一旦进入"崇高"，德育和美育就自然交汇。德和美都追求崇高。任何一所学校都不缺乏崇高。崇高的品行令人景仰，我们用制度和规范引导人具备这种品行，就是德育。德育重塑造，是一种理性的强制。而当崇高的品行被弘扬成为一种文化时，便有了审美功能，即便需要加倍克己仍可带来由衷的愉悦，崇高品行就升华为内心不可或缺的精神内蕴和美妙体验，这就是美育。美育重熏陶，是一种感性的移情。此时，德育和美育有机融合，砥砺品德的同时也是陶冶情操，反之亦然。通过审美经验、审美认识、审美超越，进入精神上的审美理想国。帮助别人，快乐自己！教育就是这样的事业，教师尤其需要这样的情怀。学校德育要追求这样的境界。而几乎所有的德育活动都可以上升到审美的层面，奋斗教育自然不例外，关键在于要有审美追求。

现在流行一种说法：我们已远离轰轰烈烈的"大时代"，抵达一个似乎缺乏时代主题的琐碎、平庸、无趣、没有任何激情的"小时代"。在消费主义甚嚣尘上的土壤里，我们都成了实用主义者，民族精神与家国情怀都被抛到九霄云外。本应最富幻想的青春少年，现在居然只关心获得好分数和名次、上名校、选择便于就业的专业、找舒服而报酬又高的工作、买房成家、梦想做"官二代""富二代"以坐享其成之类的事。这多少有些悲哀。其实，对于每个时代的弄潮儿来说，再平凡的岁月都是足以创造伟业的大时代。树立崇高的理想，建设美好世界，既是利他，也是利己。所以，我们置身于伟大的时代和多彩的社会，要有崇高的追求，要为实现大多数人的共同梦想而不懈奋斗。

做个坦然面对生活的"有缺点的人"

有几件事使我产生了"学生是素质教育的天然拥护者吗"的疑问。

周一早晨在食堂里，学生递给我一封信，反映的是放学以后的校园广播问题。他们认为，教室里不需要广播，"广播这种东西倒不如在食堂、操场、校园各个角落多装几个，供行走、吃饭的人们放松心情"。站在某个喜欢安静的人的角度来看，这个建议不能说没有道理，但站在学校和大多数学生的角度来看，这个建议是经不起推敲且不可能实施的。显然，学校里面的广播系统的第一功能是"信号"而非娱乐和教化。然而问题不在这里，问题在于，学校广播站是学生的天地，学生为什么不喜欢？每个周六晚上，学校安排学生在各自教室里看电影，但有学生明确告诉我不喜欢看电影，宁愿找个安静的地方看书做作业。周日上午老师带学生去厦大校园游玩，有学生对老师说："我能不去吗？我想看看书。"课堂上老师一讲到底，我不以为然，征求学生意见，学生说挺好，节省时间，没必要你说我说乱哄哄的。

柳斌同志将素质教育三要义概括为：面向全体；全面发展；主动发展。对"素质教育"作理想主义地概括并不是什么难事，难的是如何准确地把握其内涵并切实付诸实施。这里且说说"全面发展"，我对这一提法有我自己的理解。我比较赞成"德智体全面发展"的提法，反对笼统地说"全面发展"，尤其反对将"德智体全面发展"衍变为单纯在某些技能上的"全面发展"。

这里先作个假设。我们先不谈一身的本事如何练就，先展望一下一身的本事如何"消费"，即当我们功成后，我们无所不通，无所不能，无所不会，我们一身的"大本事"用在何处？假如你从"起跑线"开始赢起，一直赢到大学毕业，甚至你已经有了成功的事业，毫无疑问，你是个成功人士。我们可以盘点一下你的"本事"：首先，你是琴棋书画吹拉弹唱样样在行，基本都是专业水平，就算芭蕾舞不会跳，但也很会欣赏，俄罗斯皇家芭蕾舞团到中国演出，你是每场必到的；其次，你在网球、台球、足球、篮球、排球、羽毛球、乒乓球、高尔夫球等各类球上均有上佳表现，至于游泳、登山、攀岩、自行车等运动你都不输于别人，野外生存哪怕无线电测向你都有所涉猎，甚至风筝放得都比别人好；再次，你至少懂十来个地方的方言，精通十来国语言，本科学理，硕士学工，博士学管理，做过医生，当过作家，出过唱片，现在正在开饭店；还有，你还能上山砍柴，下河捕鱼，会打毛衣，会做衣服，木工、瓦工、油漆工、车工、铣工、刨工、电焊工一概都会；可能还像普京那样会开飞机、坦克，懂得柔道、摔跤等。总之，只要我们想到的你都会，没有想到的你也会，暂时不会也是一学就会的，而且你都很专业，绝非半桶水晃荡的水平。当然，你肯定是品德高尚身体倍棒儿的。

下面的问题是，因为你是天才，所以我们不和你讨论怎么会如此有本事，只和你探讨有这么多本事后你将如何生活。没有必要一一展现。幸好你不是官员或一般政府公职人员，你自己是老板，可以自由支配自己的时间，虽然是政协委员，但你也不怎么去开会或参加活动。你也没有配偶和子女，因为你不可能有时间顾这些。麻烦的是你有父母，你不能不管。你这一身的本事是从胎教开始的，如果不是他们骑着自行车风雨无阻地带着你从一个班到另一个班，你不可能这么有本事，所以每天你必得花点时间和父母通通电话，你是独生子女。但你突然发现，画画的灵感来了，笔已秃了，墨已干了；打开小提琴盒子，发现琴弦断了；敲了几下钢琴琴键，发现音已不准；跑到附近学校操场去踢足球，你那辆劳斯莱斯没有地方停，而且学校门卫也不让你进；十来国外语和十来种方言只能对自己讲；

找个朋友陪着打个羽毛球网球什么的，人家怕傍大款老大不愿意；下一盘围棋要大半天时间；单位一天不去，那帮猢狲们要造反；虽百般推脱，但偶尔还得会会方面要员，到电视台做点应景访谈之类……于是，只能每天清晨去打打高尔夫，还得陪人赌球，否则人家不带你玩儿；吹拉弹唱就算了，车子里听听CD，也挺好；俄罗斯那几只"小天鹅"已是好久不见了，随她们去吧。

  这时你发现，浑身的本事跟没本事没多少差别。你没有多少朋友，从幼年开始，铁蛋们在你心中就是不学习的坏孩子。从幼儿园到高中毕业，你很少在学校停留，放了学你就开始"跑班"，同学们和你说不上话，只能在教室的墙壁上看到你的画，在学校庆典舞台上看你演奏。你在大学也很神秘。总之，你不属于周围的世界。终于年到花甲，你还在忙事业，抽空开始写回忆录，准备"不朽"。铁蛋们则含饴弄孙，两个锈迹斑斑的铁蛋成天不离手，偶尔蹲在地上杀两盘象棋，争吵得满额青筋。你在感叹，他们怎么就那么幸福呢？这时你突然觉得，初中毕业时你那两大拉杆箱的证书到大学毕业时差不多全失效了，而你的人生尚未进行到三分之一。虽然出版商在造势，各路媒体都在预告你的自传要出版了，但你知道这本自传的命运不会比黑土的老婆白云的《月子》命运更好，差不多也是要码在村头的厕所等着人们擦屁股。

  以上全是假设，如有雷同，纯属巧合。

  "全面发展"是我们大人虚构出来的"理想国"，而如果将"全面发展"理解为吹、拉、弹、唱、跑、跳、投、琴、棋、书、画外加英语和奥数等样样都学样样都会样样都精，这"理想国"就成了地狱。教育服务于人，人不应当成为教育的奴隶。一招鲜吃遍天，人有个特长总比没特长要好，在实际生活中多少要占点便宜，但没特长也无大碍。其实大多数人都没有明显的特长，活得也挺好。数学大师陈省身给中科大少年班的题词是：不要考100分。我想，100分自然是好，但100分并不能决定一切，而为了这100分，学生得付出多少心血，作出多大牺牲。如果素质教育就是要考更多的"证"，其成果需要通过多少本"证"来证明的话，可能还不如应试教育。学生们可能觉得，应试教育虽可恶但多少还有点谱，而"素质教育"不仅要"分"可能更要"命"。所以，单从"治标"的角度看，"素质教育"首先要解决"度"的问题，如果无度，则不可能做到"面向全体"和"主动发展"。如果没有这两点，"发展"再"全面"也不可能是真正的"素质教育"，只能是更严酷的"应试教育"。怎么才能"治本"？这显然不只是教育话题，教育界自身解决不了这个问题。囚徒本人是无法摆脱"囚徒困境"的。在此困境之下，教育就只剩下"选拔"的意义。如果选拔缺乏必要的科学性，还不如干脆"抓阄"，至少可以减轻道义上的压力。

我们教师或者说教育工作者或者说大人们在轰轰烈烈地推动"素质教育"，但我们断定学生们拥护当下的"素质教育"吗？如果素质教育让学生的学习负担更重，如果素质教育的目标是培养"完人"，"素质教育"是不会受到学生欢迎的。我们的应试思维太根深蒂固了。倘若我们将考试视为解决问题的首要方法，结果考试科目越来越多，甚至连身高都要折算成绩，这是彻头彻尾的应试教育。如果连减少考试科目这样最简单的一件事都做不了，其他的事则很难做好。我们的期待太伟大了，我们到底要培养什么样的人呢？周国平在《朝圣的心路》中引用了一位哲学家的话："一个人具有人的一切弱点，同时又像神那样坦然处之，你应当把这看作一种成就。"我很赞同这句话，我们要培养的是能坦然面对生活的"有缺点的人"，而非什么"完人"。

再谈做幸福的平凡人

"做幸福的平凡人"这句话在厦大附中几乎尽人皆知,但到底有多少人真正理解并赞成我不得而知。自从 2012 年 6 月 6 日傍晚,我在几个学生的毕业留言簿上题写了这句话并在博客上发了《做幸福的平凡人——赠高三同学》后,这句话就成了我的话语体系中的高频句子。2017 届高中毕业典礼上我作了《做幸福的平凡人》的致辞,2019 年春季开学典礼上我作了《用奋斗成就幸福的平凡人》的致辞。2018 年 1 月 23 日《教育时报》发表了我的《做幸福的平凡人》一文。总之,熟悉我的人差不多都知道这句话。

做幸福的平凡人是个哲学观点而非教育观点,是一种人生观。我提倡做幸福的平凡人必定与我的人生观有关。首先我觉得人生在世幸福第一重要,要千方百计地寻求幸福。有人认为幸福才是人生的终极财富,我是赞成的。不幸福是不幸的。当然这种不幸有时是难免的,不是短时期内调整心态想克服就能克服的。但从生命的本质来看,赋予幸福内涵是天经地义的。所以,我觉得,无论贫富贵贱老少贤愚,追求幸福也是天经地义的。由此亦可推论,凡是妨碍人们幸福的都是不人道的,都是应当抵制和摒弃的。

所谓幸福,说的就是幸福感,它是一种个人感受,是主观的。幸福有客观标准吗?我觉得是有基本的客观标准的。很难定义什么是幸福,但对什么情况下不太幸福更容易达成一致。所以才会有幸福指数的说法。譬如处于食不果腹、衣不蔽体、人身不保、遍受凌辱的境地就很难幸福,幸福指数就不高,这大概是有基本共识的。虽有人身处绝境仍很乐观,但不太可能有发自内心的幸福感。不幸福就是不幸,不幸就是不幸福,这需要直面,但无须强作欢颜。强作欢颜是给别人看的,不是自己的真实感受。但这种"装"也是有价值的,有时会带给别人幸福。所以病入膏肓的人在亲人面前往往得故作轻松,这会给亲人带来一些宽慰。这也说明幸福感是很难量化衡量的,因为影响幸福感的因素太多。感觉往往是瞬间的、短时的。饥寒交迫时一个馒头、一件薄缕就会带来幸福感,当衣食无虞时,馒头、纱巾就带不来幸福感。孤苦无依时,即便陌生人的看望寒暄也能带来幸福感;吃饱饭刷手机时,卿卿我我都嫌烦,听到的每一句话都是杂音。社会繁荣了,社会成员却遭遇集体不幸福,财富正增长,心理却赤字。所以说幸福感真的很微妙。

  正因为幸福感是可以训练修为的,所以说幸福是可以追求的。罗素说:"对于某件事情的信仰,是大多数人的快乐之源。"如果你认为幸福很重要,你就比较容易得到幸福。如果你能主动追求幸福,你就很容易找到幸福的理由。有人说幸福等于所得减去所欲,这有一定道理,但还不全面。因为即便一无所得,甚至面临牺牲,有人依然能感受到幸福。幸福是一种体验,更是一种能力。人首先得有生存、生活的能力,得有尊严地活着。其次要有健康的心理素养。幸福是一种主观的愉悦的情绪感觉和积极的心理状态。我们无法立刻改变自己的生活环境和所处的境遇,却能改变自己的思维方式和认知水平。同时,正确认识自己,包容他人,造福社会,惠及他人,坦然面对挫折,都是决定幸福与否的重要能力。幸福感需要修为,幸福的能力更需要修为。所以,做一个幸福的人远非衣食无忧那么简单。高官厚禄却不幸福的大有人在,说明他的幸福能力还不够强。流浪者也并非我们所臆想的那么痛苦不堪,只要他有足够的幸福意识。我仔细观察过流浪者的表情,较之绝大多数生活稳定者,他们的眉头更舒展。这实在耐人寻味!

  总之,做一个幸福的人是生命的本质属性之一,而为天下人谋永福则是各种领袖人物的不二使命。

再说平凡人。平凡就是平常、不稀奇，平凡人就是平常人、普通人、不稀奇的人。类推之，不平凡的人就是不平常的人、不普通的人、稀奇的人。与平常人不同，不平常的人是有色彩之分的。既有伟人、英雄，也有小人、奸雄。立志做个非凡的人当然是指做伟人、英雄。然而，翻开人类历史我们发现，有多少不平常的伟人就有多少非凡的坏人。事实上，英雄也好奸雄也罢，绝大多数时候他们也是平凡人普通人。所谓伟人，不过是处在伟大时刻且占据伟大位置上的人，而人生一辈子不可能都处在伟大时刻伟大位置。换一个角度说句钻牛角尖的话，如果说不平凡就是稀奇，那么，哪个人不是独一无二的"稀奇的人"，所以每个人都是不平凡的。因此，从生命的本质上来说，我们每个人都是平凡的，伟人和英雄也是平凡人，坏人和奸雄也是。

为什么我们觉得做个平凡人不够积极呢？是因为我们将凡人和伟人对立起来了。凡人算不上伟人，伟人就不是凡人。两者水火不容，当然会选择做伟人。立志做平凡人似乎就不够励志。实际上，在很多平凡人立志做伟人——或者不如说在很多平凡人鞭策自己孩子立志做伟人的同时，我猜测，大多数伟人都可能后悔或者都有某个时刻后悔自己不小心成了伟人。正所谓钱钟书《围城》中"城里""城外"之语也。马云老师也说过后悔将阿里巴巴做得那么大，如果可以重来，一定就做一家小公司。我相信他说的是真话，但我想如果可以重来他八成还会做一家大公司。人都是这样，看看《红楼梦》一类的名著和各类名人传记就明白了，如果有机会和智者聊聊天就更清楚了。当然，也可以听听身陷囹圄的"老虎""苍蝇"是怎么说的。世上什么药都有，就是买不到后悔药。上策就是做个智者，不要后悔！

我不反对别人拼着命要去做伟人，因为总得要有人出头，但我不鼓励自己的孩子立志"为中华崛起而读书"，我觉得这个责任太大，还是顺其自然为好。先自立再立人，有点先独善其身再兼济天下、修身齐家治国平天下的意思。"身无分文，心忧天下"终是坐而论道于事无补。先管好自己，如果有能力则当然有义务服务他人，因为这个世界上的生命是一体的。利他也是利己，而过于利己则有可能害他。众生平等，但合理分工还是必要的。人类是群居动物，聚在一起构成社会，不同的人扮演不同的角色，不可能都一样。要承认"劳心者治人，劳力者治于人"的总体思路没错。绝对平等是不可能做到的，因为人和人本来就不一样。从保证人类社会有序发展的角度来看，选择精英治理是必由之路。比较理想的方式是精英们心怀"天下兴亡，匹夫有责""全心全意为人民服务"，非精英们相信精英们编的故事大纲然后一块儿快乐地编故事。仁者爱人，自己不作践自己。如果有一天地球毁灭就等着某一天再重新开始这个故事，不要异想天开可以逃出地球。

要承认自己不是精英，要承认别人是精英，这是件困难的事。不能各安其位是人世纷争的重要根源。通过自由竞争来安位，还是按某种法则譬如禅让、继承、各种类型的选举等来安位都无不可，但都要付出必要的成本，有时还要付出鲜血和生命的代价。一个显而易见的问题是，社会竞争的法则往往是精英人物制定的，要让精英人物——精致的利己主义者——自我革命是很困难的。故在应试英雄当道的当下，打倒应试教育也是很难的。任何时候都存在既得利益者。但社会是发展的，彼此不可能永远相安无事，稳定和动荡交替出现。皇帝轮流做，明年到我家，新的轮回又开始。人类社会就是这样周而复始的。所以，我反对激进的自由主义，反对过度竞争，反对四处"亮剑"。我是温和的改良派和保守主义者，甚至不希望现代化的步伐迈得太快，所谓"知其雄，守其雌，为天下溪"。

人生在世头等大事就是好好活着，每个人来到人世间的第一要务是"活人"，然后争取幸福快乐地活着，活得有尊严有滋味。能自食其力，无病无灾，或能安然度过小病小灾，生于尘土，然后再归于尘土。绝大多数人都是如此。青史留名于己终归无益，没必要刻意追求。活着就是等待，倒霉如余华《活着》中的福贵者并不多，即便如福贵最终也得以颐享天年，而机关算尽者反而天年不永。很多时候，生存的压力并不大，但生存的竞争压力大，选择做平凡的人就是主动回避不必要的竞争。不要什么都和别人比,"不比""不滥比"是获得幸福或者说避免不幸福的重要策略。伟人往往出现在动荡的岁月,而英雄辈出恰是庸人当道、坏人横行的时候。从某种程度上可以说,如果没有坏人也就不需要那么多伟人,大家都在一定的位置上扮演好自己的角色即可。所以说,安于平凡应当是众生的首要处世法则。从小立志做伟人做英雄无可厚非,而准备做个平凡的人不仅更理智而且更明智。

综上,人生在世应当做个幸福的人,也应当甘心做个平凡的人。所以,做个幸福的平凡人就成为必然选择。然而,接受这个选择往往于己不甘于人不容,总觉得这样的人生态度消极。于是经常听到有人说要做到平凡而不平庸。其实,从词义来说,平庸就是平凡的意思,指寻常而不突出,也是个中性词,并无贬义。因此,没必要在词义上兜圈子过度解释。词没问题,有问题的是人的态度。我们要理直气壮地承认我们就是一个平庸、平凡的人。

做个平凡的人,核心是"做人",而做人就不是一件容易的事。如何做人是另一篇大文章,这里不赘述。但我想说,一个人要有尊严地活着,不尽力、不努力、不奋斗肯定是不行的,要明白奋斗本身就是幸福的。劳动是人的本质属性之一,人与其他动物的重要区别就是能够有目的的积极的劳动。事实上,即使是艰苦的劳作也不会销蚀人们的幸福感,相反,让我们不幸福的主要原因却往往是因为我们丧失了劳动能力和劳动权利。从这个角度来说,幸福和劳动是分不开的,幸福确实是奋斗来的。即使你有万贯家财,如果其中不包含有你个人的劳动和奋斗,你也很难因此感受到幸福。

导致不幸福或者说没有幸福感的另一个重要原因是,我们没有处理好自己与他人、与周围世界的关系。我们是生活在"关系"中的。我们能否幸福的另一个关系量是我们能否为别人带来幸福。一个人的词典里只有"自己",没有他人,没有更广阔的世界,不能服务于他人,不能为世界奉献点儿什么,他是很难感受到幸福的。你也许衣食无忧,但"关系"会让你每时每刻都很痛苦。流浪者之所以还能保持面部平静,一个重要原因是没有复杂的"关系"。他或许不幸福，但他也不觉得痛苦。我猜测，乔达摩·悉达多之所以要选择流浪，首要的原因也许正是要追求心灵的自由，而自由心灵恰是幸福之源。

　　生涯并非不可规划，但也不能太精细，要立足大方向，突出大原则，要有所为有所不为。没有方向和原则，随波逐流，自甘落后，久而久之则难以自立，遑论立人。很多天资平平者，从小树立远大目标，始终不放弃努力，历经艰辛，终能取得一般人难以企及的成就。天道酬勤，勤奋的人上天也会帮他。所以曾国藩说不信读书信运气。其实并非有什么运气，无非是我们常说的"机会总是留给有准备的人"。我们身边就不乏这样的人。然而，人生设计太过精致，个人奋斗太过自我，顺我者昌，逆我者亡，则往往自毁前程。始则立志为苍生谋幸福，要做大事不做大官，然而日久情迁，初心不再，便满脑子丛林法则，以邻为壑，尔虞我诈，互相倾轧，一旦失势便身败名裂。其间自有情非得已身不由己的因素，所谓高处不胜寒，最终是悔不当初，回过头来教导子孙还是做个安分的寻常百姓好！

　　甘于平凡是一种人生态度而非做事态度，正所谓做人低调做事高调。做幸福的平凡人需要老老实实做人踏踏实实做事，平凡人的奋斗人生才是真正幸福的人生。

中编

教育之行：幸福有时来得也很容易

办所有学生永远喜欢的学校

开学初我就在思考学校"十四五"发展规划的制定问题。因为本学期校教代会要举行换届选举，我想将这个规划一并提交讨论通过。发展规划重要吗？说重要就重要，它是经过深思熟虑的行动指南；说不重要也不重要，制定之日即是搁置之时，跟着感觉走大概也不会掉沟里。然而，重要不重要都得有，因为各种评估要看有没有。既然一定要有，何不下点气力认真做！这也是我做一切事的方法论。

厦大附中第一个规划是我一个人在书斋里炮制出来的，虽然也有所借鉴，但总体是我自己草拟的蓝图。2007年11月16日奉命请了一些专家开了个论证会，但并未得到实质性的帮助。论证会结束后，除了我，其他参会的人可能就将这个规划扔到爪哇国去了。

那个规划叫《厦门大学附属中学四年发展规划（2007.11—2011.06）》（简称"2007年版"）。校名还是暂用名"厦门大学附属中学"。校园还在造地，所以规划分为"基础篇"和"发展篇"。"基础篇"分为校园建设、生源工程、人力资源、教学设施、环境论证、制度建设六个部分。"发展篇"分为办学理念与发展目标、加强人力资源建设、确立教育服务品质、构建教育研究与开发机制、建设校园文化熔铸学校精神、推进现代学校制度建设六个部分。其中确立教育服务品质又分四点阐述。整个规划有11200多字。之所以是个"三年半"的规划，是我觉得这个规划只是我个人的"作文",待办学一轮后再群策群力重新制定。

2007年版规划确定的学校发展目标是:学校正式启动后的三年目标是,在办学思想、政策制度和实践行动三方面基本形成现代化品牌学校的基本框架。其突出标志是,教师队伍稳定,优质生源充足,教学秩序井然,师生精神面貌良好,校园文化初步形成,首届初、高中毕业生升学成绩优良,为学校达标升级奠定良好基础。

学校的近期（十年）目标是:根据福建省教育厅闽教基［2007］42号文件颁发的《福建省达标高中评估办法（试行）》规定,尽可能用十年时间建成省一级达标高中。据此规定,2012年实现三级达标,2015年实现二级达标,2018年实现一级达标,2023年前建成国家级示范高中。争取在上级领导的支持下,调动各方面的积极因素,只争朝夕,短期内打出特色,创出名牌,实现跨越式发展。

学校的远景奋斗目标是:把学校建设成一所具有文化竞争力的现代化的有特色的学校,其主要特征是,有探索现代教育的历史使命感和社会责任感,有改革传统教育弊病的理论勇气和实践魄力,有探究和遵循办学规律的科学精神和人文精神,有表征学校教育现代化的原创性改革成果和特色经验。实现远景目标的显性标志是在中国基础教育的若干领域,厦大附中的探索为多数人所熟知并认同。

当时我初来乍到,不了解情况,后来才知道达标评估不可能如此无缝衔接,且福建省尚未开评省级示范高中更别说国家级示范高中,加之因工程进度拖延,2008年高中无法招生,所以2018年建成一级达标高中根本不可能。尽管如此,我们一直没有放弃努力,最终还是如期达成目标。其中故事难以尽说。

2011年7月12日,校第一届教代会第一次会议讨论通过了《厦门大学附属实验中学五年发展规划（2011—2015年）》（简称"2011年版"）。时逢《国家中长期教育改革和发展规划纲要（2010—2020年）》颁布,省、市也颁布了相应文件。漳州除制定了《漳州市中长期教育改革和发展规划纲要（2010—2020年）》，还颁布了《漳州市达标高中"十二五"创建规划》。根据市里文件精神和领导的指示，我们确定五年发展目标是：调动各方面的积极因素，力争在2015年前建成福建省一级达标高中，成为区域内直至福建省内具有一定影响和知名度的品牌学校，实现跨越式发展，为"在2020年前建成全国有影响的学校"奠定坚实基础。

显然，这根本不可能实现。

2015年12月5日，校第二届教代会第一次会议讨论通过了《厦门大学附属实验中学"十三五"发展规划》(简称"2015年版")。为了和国家的发展规划一致，我们将这版名称改为《"十三五"发展规划》。2015年版确定五年发展目标是：办学质量关键指标跻身全省中学前列；师资队伍、校园文化、学校管理特色鲜明，形成明显的区域影响力；争创省级文明学校；调动各方面的积极因素，力争在2020年前成功创建"省一级达标高中"。

当然，结果是我们提前两年完成了主要发展目标。

我还有不到三年时间就要退休，"十四五"规划我只能随行至半程，所以我原打算请其他同志牵头起草。但思来想去，还是觉得自己有这个责任。我希望"附中出品"尽量少些瑕疵。2011年版、2015年版虽然总体框架沿用2007年版，文本风格总体一致，但因多人分头执笔，毛病甚多，不耐看。2020年版要尽量避免这类低级问题。

"十三五"时，学校教育服务水平稳步提升，教育服务能力、文化竞争力、知名度、美誉度显著提高，区域影响力进一步扩大。"十四五"时，学校将立足高位平台，突出内涵发展，持续提升服务能力和服务水平，汇成稳定的文化竞争力，形成更加鲜明的办学特色。所以，我们提出的五年发展目标是：确保省示范高中创建成功；办学质量关键指标稳居全省中学前列；校园文化内涵更加丰富；区域影响力更为鲜明；争创国家级文明校园。

展开来，每项工作都很艰巨，每前进一步都不容易。

在 2020 年版中，我加了一个发展愿景："办所有学生永远喜欢的学校。"这是之前三版中没有的。所谓愿景就是所向往的前景。我们所向往的前景是办学生喜欢的学校，这是不是太低了点儿？我觉得不低！而要办所有学生永远喜欢的学校就更难，甚至很难达到。我从一所省示范高中校长的任上辞职来筹建厦大附中，一开始我也不会想到要"办学生喜欢的学校"，满脑子也是大词，所以 2007 年版、2011 年版中都没有这句话。"落地"后发现那些大词没用，及至"生根"后发现非但无用而且有害。慢慢又体悟到，所有宏大抑或深邃的教育理念都可具象为"学生喜欢"。一点都不要担心因此没了规矩。如果担心说明对现在的学生、对附中的学生还不了解，对家长、对社会也不甚了解。只要有足够的高度，你一定会发现无原则的迎合丝毫不起作用。所以，2013 年 10 月 16 日，在申报省三级达标高中评估验收汇报会上，我汇报的题目就是"培育一流的教育服务品质，用适合的教育办学生喜欢的学校"。记得当时我们在教学楼上悬挂的两幅条幅中的一幅也是这句话。2015 年第 7 期《人民教育》发表了我的《办一所学生喜欢的学校》，此文后收入"大夏书系·《人民教育》精品文丛"之《"好校长"是怎样炼成的》一书。2015 年版规划中我们明确提出"用一流的教育服务品质，办学生喜欢的学校"。

我觉得"所有学生永远喜欢"可以包含且超越所有大词，能够回答有关教育的所有本质问题。我曾经说过，如果有一天我们不再想着"办学生喜欢的学校"，那么，我们不仅对不起其时的学生，尤其对不起过往那些和附中一同成长的毕业生。"办学生喜欢的学校"是从漳州港这片星空下、厦大附中这块土壤中生长出来的办学理念，不设身处地就无法理解我们怎么会从心底里发出这样的呼喊。

"所有学生"喜欢可能吗？是可能的但也许是不现实的。不是绝对做不到而是我们能力达不到。"永远喜欢"可能吗？是可能的但我们也许永远得不到确切的回应。我觉得，心里想着"办所有学生永远喜欢的学校"，教育就有可能是健康而美好的，尽管也许我们永远也等不到确切的答案。

信仰不是为了实现而是为了追求的！在永不停息的追寻中无限接近美好，自强不息，止于至善！

遗憾的是"办所有学生永远喜欢的学校"这个愿景并未达成共识，有个别老师质疑。我没有坚持，从定稿中去掉了"发展愿景：办所有学生永远喜欢的学校"。

孔雀东南飞

改革开放初期,人们用"孔雀东南飞"来形容内地人才向东南沿海流动的现象,时至今日,孔雀东南飞已不再像当初那样引人注目,而且全社会对人才或说人员的合理流动从情感和政策层面都有了足够的宽容。从版图上来说,厦大附中地处东南沿海,建校两年来也引来一批南飞的"孔雀"。因学校新建又地处开发区,在同一行政区内又不具备人力资源整合的优势,所以,面向全国招聘教师是我们的一项基本政策。又是一年花开时,我校的招聘工作即将开始,作为校长,我有一些体会可以拿出来与朋友们分享。

孔雀为什么向东南飞?无非是"东南"有吸引力,适合"孔雀""过冬"。今天看来,这个"东南"已不单指中国的东南沿海,一切具有相对魅力的地区都能吸引"孔雀"聚集。上天并不特别宠爱任何一块土地。从"养人"的角度来说,东西南北各有特色。就城市而言,南北东西的差距并不是很大,并不一定要飞来飞去。我和太太从未有过"南飞"的念头,一直在原来的城市努力地工作着并精心地经营着自己的小家,我们甚至将退休后每日散步的路径都已设计好了。但为什么最终还是"南飞"了呢?之于我,唯一的原因是没有抵制住"亲手建一所学校"的诱惑,之于太太,用时髦的话说是"被"南飞了,嫁我只好随我了。如果不是一所定位很高的新学校,我想今天我还站在之前的那个讲台上。至今,走在厦大附中的校园里,脑海中,三年前的那座山还是让我心生恍惚,细思量,一路走来，有太多的偶然。

如果要让一个过来人对前来应聘的同行提什么建议的话，我觉得下面的话是可以拿出来交流的。

厦大附中是一所新学校，现在加盟要有"创业"的思想准备。我经常说，建设好厦大附中除了上级支持外更要靠全体厦大附中人的努力。所以，不能看作是校长在创业，而是全体附中人都在创业，包括老师和同学。附中是只"潜力股"，如果只看今天，如果准备来享受，根本就不要来附中。选择附中，目光至少要看五年后，如果您是九段高手，能看到十年以后并且有足够的耐力，附中应当是中国少有的"伊甸园"。客观地说，开发区的环境还不是很好，附中的生源还不足，一所新学校面临的各种困难我们都会遇到，都需要我们一个一个去克服。如果我们不把这些问题考虑周到，盲目地来是会失望的。

所以要来附中，无非是想在事业上寻找一个新的发展平台，在生活上寻找一个更舒心的环境，在待遇上寻找一个能让自己更满意的单位，在人际关系上进行更合理的调整，等等。假如这些您都不需要，我劝您，就不要飞来飞去。我有些老同事和老朋友，对我一向厚爱并对我抱有幻想，相信与我共事是愉快的，总想"投奔"我来，我总是劝他们，比较而言，无需付出那么大的转换成本。这种"转换"不是什么好玩的事。单就经济而言，正增长需要假以时日。我可以简单地算一笔帐：我原来有一套房，96平方米，不大，但足够我住，全产权，我不欠钱。去年，我在学校附近买了一套房，130平方米，大一点，但我成了"房奴"。简单装修，置办点家具，20万还打不住。两年分居，航空公司赚我好几万。回趟家，朋友请我吃餐饭，我也得请人家吃餐饭，花费不会小。厦门是著名旅游城市，一批一批朋友来看"我"（谁知道是看谁？谁让我朋友多呢？），岂能怠慢！这一算，您就知道我的收入是正增长还是负增长了。有人说，您工资高。一个公办中学的校长能有多高的工资，您去打听一下北京、上海、深圳的中学校长工资有多高就猜出来了。至于这里的环境，坦率地说，目前还有差距，当然，感受会因人而异，我本人是喜欢的。就事业而言，不可预知的因素还有很多，不能过于理想化。

在大自然和全社会面前，个人总是渺小的，每个人在各自的岗位上奉献着社会，但作为"个人"，大多数人都不会是社会不可缺少的，换句话说，地球离了谁都会转的。因此，我不希望应聘者把厦大附中的录用作为与原单位要价的砝码，这样非但于事无补，甚至适得其反。如果没有诚意，一旦不得不来到厦大附中，您一定会失落的。

有不少的应聘者非常自信，他们告诉我，如果他们来了，会帮我做哪些哪些事，总而言之，学校会因他们而迅猛发展的。我相信被我们录用的老师都很优秀，但一个人就能将厦大附中办成什么样的神话我不会相信。我自信对教育规律和学校发展的规律还是了解一些的，各种"牛人"我也见过很多，确实比我强。但我要忠告这些老师，即使实行"首席教师"制度，学校也不可能采用明星制。也就是说，学校不可能围绕一两个明星教师组织教学、管理学校。如果您一来就要获得这样的"中心"地位是不可能的，您必须踏实地工作，用实力来证明自己的重要。学校管理和NBA的管理不一样，必须依靠全体教职工，因为再好的教师也不能教全校的学生。所以，过于自信、认为自己是最好的、想到附中来找几个徒弟教一教的，也一定会失落的。看不到自己的优点是可悲的，看不到别人的优点是可怕的。很多自信过头的人就是只看到自己的优点而看不到别人的优点，要想获得多大的成功是非常困难的。

我们的教师来自全国各地，而且基本都是各地优质学校的教师。所有学校的优点加在一起也不见得形成一个大的优点，而所有的不足都汇聚在一起，那一定就是最大的灾难。所以，厦大附中要有坚定的发展方向，要有自己的文化，要有海纳百川的胸襟，更要有超凡的加工能力。所以，您必须带着添砖加瓦而非制度重建的心态加入到我们这个充满活力的集体才会感到意义所在。否则，您还是会失落的。

活在当下是非常重要的，对现实困难要有足够的思想准备。期望越高，失望越大。我们比较容易记住那些对自己有利的地方，我们自然容易不自觉地将过去好的地方与现在不好的地方比较，所以才有"端起碗来吃肉，放下筷子骂娘"的事。生活虽然改善许多，然而"娘"一点也不少骂，说明内心还是失落的。无论是生活上还是事业上，您现在不顺，来厦大附中不见得自然而然就顺。什么是该坚持的，什么是要放弃的，必须想清楚。如果您过于计较甚至锱铢必较、在原单位人缘不好的话，到厦大附中来也未必有好的人际关系；如果您一向过着悠闲而自由的生活，分内的事都嫌多，分外的事更别谈，厦大附中也可能更令您失望。

待遇问题一定要搞清楚。不想发财，但要保证起码的生活质量，至少不枉一"飞"。学校性质决定着厦大附中的工资待遇不会像菜市场里买菜那样可以讨价还价，它基本是规定好的，事先是可以问得清清楚楚的。工资不高不满意，高了扣税也不满意，总之不容易让您满意，您得仔细权衡。这个世界，有钱的人真是太有钱了，如果您总是跟他们比，您也会失落的。同一般老师比，我之所以来厦大附中完全是因为"创校"之故，而且我至今没有谈过自己的待遇。但说实话，如果薪酬低于原来，我肯定不会来，即便高于以前，但不能维持原来的生活水平，我还是不会来。而只要能够保证生活质量不降低，"创校"就足可以诱惑我了。当然也得是创厦大附中这样的校。

我到厦大附中，不是为孩子异地高考提供方便，更不是为了解决夫妻分居问题。恰恰相反，我的调动影响了孩子的学习，造成了夫妻分居。我的动机相对纯粹。我希望您来厦大附中能够顺便帮您解决一些困难，但不一定能够解决根本问题，您要有思想准备。

实际上，平平淡淡才是真。对多数人来说，生活不会是轰轰烈烈的，在厦大附中也是如此。她唯一的魅力是"新"，置身其中，您会感到每天都在发生变化，而这"变化"有您的参与也有您的奉献。如果您体会到这"新"还有一点意思的话，附中还是值得一来的。等到她由"新"而"旧"时，怕是您就很难"飞"进来了，便是能够"飞"进来，恐怕就少了那点"意思"了。

许多事要用一辈子去做

前两天，一位青年教师找我谈心，倾诉他心中的郁闷，因为最近他遇到了一些烦心事。我把我的体会毫无保留地告诉他，但愿他的郁闷因此能有些减轻。

人一辈子要经历很多事，哪个年龄段应该做什么事，大多数人都是一样的。譬如什么时候读书，什么时候结婚生子，绝大多数人都差不多，只有极少数人特别一些。但是，还有很多事需要一辈子用心去做，譬如幸福、事业等。没有人年轻时就能到达事业的顶峰；也不会有人从生至死不需要经过任何努力就一直被幸福包裹着，除非他英年早逝。

大多数刚走上职场的青年人都会面临生活压力，古今中外概莫能外，绝非只有今天的青年人才面临这样的问题。我以为，刚走上职场的青年人首先要明确自己的方向，要清楚哪些是现在要做的事，哪些是要慢慢做的事。要懂得生活上、待遇上向谁看，事业上向谁看。不能工作上低要求，生活上高要求。一个刚走上工作岗位的青年人，如果房子也有，车子也有，除非"啃老"没有别的办法。如果房子、车子都有了，又不需要贷款，那以后的几十年挣的钱干什么呢？无非还是换房子、换车子，一辈子不过是如此折腾。然而大多数人都不会如此幸运，这一切都得靠自己打拼。人比人，气死人。我的体会是，过好自己的日子，不要盲目攀比。幸福与否，多数情况下取决于自己的态度，与有多少财富关联度不高。有研究表明，富翁的平均幸福度低于穷人，可见金钱不能解决所有问题。

我有幸成为一部分青年人羡慕的对象，坦率地说，我自己也感到满足。我太太有时会问我："你幸福吗？"我间接地回答道："我如果说不幸福，别人会骂我的！"人心不足蛇吞象，人往往被无止境的欲望所毁灭。

我有几位刚工作的同事，已经买了房，父母帮付首付的，办好按揭后，每月要扣1000元至2000元，他们感到生活有压力。其实，每月工资足够他们吃饭穿衣，但他们还要预算出装修、结婚费用，还要想到车子、孩子。想得那么远，不紧张才怪。我和年轻教师算过一笔帐，如果夫妻双方按揭一套房子，除首付外，每月仅凭住房公积金就基本可以应付还款，余下的工资收入仍能维持不错的生活水准。如果我们准备把一切可以预见的困难在短期内一下子解决掉，那确实是有压力的。假如我们只盯着明星大腕看，我们甚至只能是自卑的。

这里我想讲讲我和住房的故事。我是1984年大学毕业参加工作的。第一年基本工资45元，第二年定级后基本工资54.5元，班主任津贴5元，没有一点其他收入。我在学校食堂吃饭，每月需20元，做一条稍微好一点的裤子需要20元，一辆28型永久自行车凭票179元。刚开始住三人一间的宿舍，随后住两人一间的宿舍，人均面积七平方米左右，每月水电费0.4元，房租0.3元，房间里除了一盏白炽灯什么也没有。据说我们是赶上好时候了，我们的前辈住的是通铺。1989年上半年，在我结婚一年多以后我住上了25平方米的套房，而且还是一室一厅一厨一卫的新房。这套房子有一天晚上创纪录地住过11个人。1998年初，在我儿子快上小学二年级的时候，已经做了两年副校长的我，分到了一套建筑面积60平方米的房子，两室一厅。那是一个新建小区，处在一片旷野里，四周无路，晴天一身灰，雨天一身泥。胶靴是我们的"最爱"，没有它我们将寸步难行。跋涉了两年，路还没有修通。2000年暑期，承蒙领导的关爱，我赶了趟福利分房的末班车，分了一套96平方米的三室一厅的房子。我借了一点钱装修，感觉非常满意，认为这辈子不会再"整"房子的事了。没想到，2007年初我又买了一套143平方米的房子，在我能承受的范围内，我向银行借了点钱。据说，现在房子价格已涨了一倍，我原准备自住的，现在看来我因此挣了一笔钱。2007年9月我离开了原来的单位，2009年8月我卖掉住了九年整的房子，开始了全新的跋涉。平心而论，我算是幸运的，我的同事里有远不如我的。从这个时间轴里可以看到，从1984年7月到1997年底一共13年的时间里我一直租住在小于25平方米的房子里。现在回想起来，那段时光也是非常幸福的。

　　我买的第一件电器是1987年秋季买的骆驼牌电扇，当时的电视广告是："骆驼进万家，万家欢乐多。"1988年上半年买了一台燕舞牌双卡收录机，当时的电视广告是："燕舞，燕舞，一曲歌来一片情。"我们就这样攒一点钱买一样东西。无论是大件还是小件，所有的发票和说明书现在都保存完好。1992年6月，我儿子一周岁时，我才第一次进银行，给他存了20元钱。这是我第一次存钱。我们不跟风，不攀比，有钱就置办，没钱就算了。我记得，彩电是当时财富与身份的象征。1988年，我的一个同学花2400元买了一台黄山牌18寸彩电，他只有600元，向朋友借了1800元，我感到不可思议，因为我绝不做这种事。我是1990年6月用自己的钱买了第一台彩电，令我那位同学很是羡慕，因为我买的是厦华牌20寸直角平面电视机。

　　是用自己的钱消费还是借钱消费，本身并无对错，就看你选择什么样的价值取向。借钱消费，先拥有，先享受，但要承担还钱的压力。等有了钱再消费，不欠钱，无债一身轻，但要"忍"得住"落伍"。买房也是这样。买房是一件很大的事，不能说是要用一辈子才能完成的事，怎么着也是件要用半生的努力才能完成的事。你把一生才能做成的事放在一年里做，怎么能没有压力呢？交际也是要有经济基础的，广交朋友是要有实力的，没有这个基础，没有这个实力，你就少交几个朋友。朋友不在多而在"精"。君子之交淡如水，在家待客，并不需要太多的花费。动不动你就要请朋友到娱乐场所，那种地方是我们工薪阶层能去的吗？花钱去这种地方的人是通过花这个钱能挣到钱的人，我辈何必浪费这个钱呢？

　　有的老师现在与爱人两地分居，很羡慕我们夫妻团聚，甚至不止一次地说到，看到我和太太散步很羡慕。我非常理解。实际上，我和太太朝夕不见的日子共五年，以前的三年我们互通了一千多封信，我收获了一篇散文《积攒相思成财富》；这两年，我又收获了《一剪梅》等博文。别离让我更深刻地体会到了亲情的可贵。我相信那位老师以前并不缺少和太太散步的时间，但未必散了几次，因为他正在拥有。从这个意义上说，分居一段时间未必是件坏事。其实，我极少陪太太散步，除非上下班赶路。我天天上班，每天回去都比较晚，甚至我所居住的小区傍晚的景色是什么样儿我都感到陌生，真正算是陪太太散步的次数是少之又少。

有的年轻朋友也非常高看我这个校长职位，我不清楚他们是如何理解"校长"的。校长不是官，连僚也算不上。假设"校长"算是做教师的一种成功，那么，从青年教师到校长，走过这条路也是要假以时日的。我同意"不想当元帅的士兵不是好士兵"的说法，但不同意"不想当校长的老师不是好老师"的推论。我初当教师时就没想过当校长的事，我只想着做好我该做的事就行了。我始终认为，我做校长具有极大的偶然性，校长带给我的欢乐并不比我做老师的多。事业并无终点，校长不是事业的终点恰是事业的起点。没有一个职位可以算是事业的终点。位极莫如皇帝，即便伟大如康熙大帝，其伟大之处并非因为他八岁继位，十四岁亲政，而是因为他用一生的努力开辟了康乾盛世。玄烨是顺治帝的第三子，他之所以成为皇位继承人，是因为顺治帝接受了德国传教士汤若望的建议，认为玄烨出过天花最有可能不夭折。这种选择很偶然也很正常，因为顺治帝身体孱弱，最终英年早逝。选一个少年皇帝，身体好是基本条件，但显然，这离"伟大"还相差太远。所以，千万不要说"等我做到什么什么就好了"之类的话。《列子》有言："子贡倦于学，告仲尼曰：'愿有所息。'仲尼曰：'生无所息！'"圣人如此，何况我辈。浮士德上天入地求索一生，在他自认为找到真理的时候，他说："你真美呀，请你留一下！"还没有来得及享受找到真理的快乐就溘然长逝。这故事包含了歌德对生命的理解，对我们也很有启发。

我一位同事的孩子非常优秀，25岁即获得知名大学的博士学位，在国际知名学术杂志上发表文章30余篇，在别人看来他完全可以"快活快活"

了，但他从事科研工作仍昼夜不舍，一种无所不在的紧迫感差点让他抑郁了。说老实话，作为儿子、女婿、父亲、丈夫、朋友的角色，我现在都不会有什么压力，我所有的压力都来自于这个"校长"的角色，来自于"校长"带给我的紧迫感。

一所新学校，最要紧的事是师资队伍建设。前教育部副部长周远清先生亲口对我说："把来自全国各地的老师带好很不容易！"我深有体会。我非常喜欢曹操的《短歌行》，直到今天，我才敢说悟出"三昧"。想到不等于能做到。难啊！

生活仍将继续！中国人民大学附属中学的校长刘彭芝有一本书是《人生为一件大事来》，既然是"为一件大事来"就只好用一辈子来做。现代西方正在倡导一种"慢生活"的理念，就让我们大家一起放慢生活节奏，活在当下，享受生活，活得从容些！

制度之殇

昨天收到一位同事的短信,"短"信不短,500余字,反映的核心内容是因为学校越来越专断、管理不够人性化以及工资待遇的优势在逐步减小而引发的教师的工作主动性在降低的问题。就现象而言,我同意他的说法,而且我也非常感谢他,在这么炎热的夏天写这么长的短信,骨子里透露出对我的信任。因为开会,我只匆匆回复了"谢谢"二字。现在,我可以平静地谈谈自己的体会。

关于待遇问题,我愿意在所有可能的场合通过所有可能的途径强烈呼吁,但这个问题确实不是学校这个层面能解决的,而且与经济大环境和区域小环境都有关系。我本人的工资待遇也是三年不升,但因为我有思想准备,所以暂时无暇抱怨,且多少还是有一些比较优势,差不多就行。我由衷希望同事们收入越来越高,生活越来越好,工作越来越开心。

关于学校管理,我倒有些体会与同事们分享。我曾写过一篇题为"试论学校管理中的'倦怠'遏制"的文章,先摘录两段:

"管理是科学,管理也就是生产力。越是发达的社会,越是先进的群体,就越重视管理。学校管理可以通过理性管理的途径也就是用制度来实现,也可以利用非理性管理的途径即情感等因素来实现。在实际的管理实践中,我们普遍发现,用同样的方法和同样的制度来管理,结果却大相径庭。可见,在方法和制度背后还有'因素'在起作用,这个'因素'也一定由若干因子组成,譬如领导者的个人魅力、员工的素质、环境的力量、传统的差异等。"

"很多学校不乏完善的管理制度,而且,客观地讲,这些管理制度如果能够得到切实的贯彻,学校管理是能够达到其预期目标的。但是,我们往往看到的是,一项管理制度设计之初考虑不可谓不严密,执行之始落实不可谓不严格,而随着时间的推移,大家开始'挑战'制度,空子越钻越大,管理者也由紧而松,终至于听之任之,彻底废弛,名存实亡。制度还是那制度,而且依然是有效的制度,但却成了纸上的制度。制度的力量的这种消解过程,就是我所说的学校管理的倦怠化。"

制度倦怠到失效就是制度之殇,没执行几天就夭折了。

大家为何觉得学校管理越来越专断?我以为这不奇怪,而且恐怕加入附中越早的人就越有这种感觉。2008年开学后,学校只有一个年级,正式员工一共20人,大家同坐一辆车,同止同息同吃饭,很多事在车上和吃饭的时候就商量掉了或布置好了。年级教师会就是全校教师会,校长、副校长生活在教师中,工作在年级里,没有办公室主任、德育处主任、教务处主任、总务主任、保卫科长,校长、副校长全包办了。老师们也很体谅,分内分外的事都争着做。严格地说,这更像一个家。

学校制度与学校共同成长,可以说,建校之始我们就制定了较为完善的制度,这对我们来说不是什么难事。但客观地说,执行制度时我们有打折扣。譬如请假,我们基本没有执行扣钱的制度,尽管制度白纸黑字写在那里。我当时总以为老师们家在外地,很不容易,松一年再紧问题不大,一般也要附带说一句"仅此一年,不作惯例"。现在人多了,情况就发生了变化。到下学期开学,在编教职工123人,加上后勤物业人员总人数超过200人,这就不是一个小学校,不是一般意义上的"家"。这样一个"大家"的显著特点是要用严格的制度来管理。"制度"多半是"冷冰冰"的,虽然不是每时每刻都能感觉到,但一到关键的时候就能感觉到,处理不好,那一刻心里是不舒服的。因为不是每一项制度都要通过教职工大会或教代会讨论通过,即便通过教代会也不一定能引起每个人的注意。因此,老师们常不知道制度的形成过程,而解释已无法及时到达需要的地方,况且校长也不是朝夕能见到的,校长也越来越像"校长"了。人一多,凡事都商量是不可能的,而且多半也商量不出结果来。广泛听取意见是对的,最终还是靠相关负责人拍板定夺,此时契合己见的觉得受到了尊重,反之觉得"说话等于放屁",其实不然。我们必须学会过组织化生活,尤其要适应高效率的组织化生活。

大家觉得很累,尤其是年轻教师感到累,一时还不能适应。我觉得可以分析分析。

选择教师这个职业就要作好累的准备。教师不是今天才"累",从来如此,这是一句良心话。然而,行业外不见得认可这个结论,因为只要敬业就没有几种活是不累的。事实上,教书是个良心活,不感到累的人也有的是。我们现在感到特别累的原因一是初来乍到且生活环境还不十分便利,二是坐班在一定程度上限制了我们的自由,本可在无课的上班时间买菜、洗衣、做饭,现在只有安排在下班后。就工作本身而言,与其他学校相比,我们并无特别之处,绝大多数人从事的工作都采取着标准工作量或不足标准工作量。年轻教师要有思想准备,这个工作量要伴你到退休的。我想,生活不便利是暂时的,事实上两年来一直在改善,很快会有较大改善。其实,即使学校地处中心城区,也不能保证每个人上班都很方便,我们要调整好自己的心态。至于"坐班制",对于一个寄宿制新学校来说,我们将在相当长的一段时间里坚持实行,这是工作需要。何况我们实行的是弹性坐班制,真是有事是可以请零星假去办的,零星假虽有记录但并不影响什么。我以为这仍然是心态问题,我们的想象压迫了我们,有的时候是被吓累的。加上大家都住在一起,情绪相互感染,一个人喊累一群人附和,越喊越累。话又说回来,有些年轻教师晚上睡得很晚,是不是在备课还不一定,我们要不时检查一下自己是否有效地利用了时间。

大家都认为要用制度管理,而一旦制度约束了自己,我们很快又认为制度无情,自然也就是领导无情。譬如病假要不要扣钱?如果不扣钱,有人滥用病假怎么办?一个人滥用问题不大,几个人滥用一批人滥用怎么办?请假的人落下的活谁干,多干活要不要给报酬?如果扣了钱,大家又觉得单位缺乏人情味，进而牢骚满腹：不要太卖命，身体搞垮了没有人管你。我不赞成以搞垮身体为代价来工作，但我同时认为绝大多数情况下，人生病跟工作都没有直接关系。人不可能不生病，但也不能为了怕生病而不工作，即便不工作也不能保证不生病。在某种程度上可以说，工作着恰是幸福着。

最近又碰到一件事，初、高中学生放假不同步。如何安排这十几天工作又在考验学校的公平，最近少数老师的情绪与这件事有关。很多事真做起来远非说起来那么容易，我以为能说的不见得能干，能干的不见得能干成事，干不成事再能说能干都白搭。这十几天里，有两位女老师因为生孩子的原因回家了，但又不愿意浪费产假，她们请几天事假或病假，然后自然衔接到暑假。按规定届时要上班销假才能断开这个假期，我们是不是让她们千里迢迢来销假？如果我们"有人情味儿"一下，接下来的问题是还有几位请事假的怎么办，下一次可能还有更多的人请假，理由总是有的。有的同志请假，填写假条时就自作主张地将中间的双休日抠掉了，不知道是谁教的。其实，就劳动纪律而言，请假需要批准，根据工作安排，学校有权不批准，未经批准而不上班就是旷工，对旷工的处理是非常严厉的。在遵守工作纪律方面，我们要向军人和最普通的产业工人学习，守纪这根弦要绷紧。管理的人性化要服从于管理的效率，否则，这个组织最终要崩溃。

我写过一篇博文《制度的可爱》，表达了对韩国人执行制度时的固执的一种敬意。我在其他文章里还表达了对德国人严格执行制度的敬意。比较起来，我们执行制度离一丝不苟还有点距离。譬如考勤，我们就没有顶真起来，年段长也好，值班干部也好，一方面忙，另一方面拉不下面子，未能普遍而有效地实施考勤制度。随着更多的老师住在厦门岛内，住在一区，早出晚归，为防止迟到早退，打卡考勤将是最终的选择。

在还不能有效地进行文化管理之前，制度管理是一个长期而必然的阶段。我真诚希望大家一起努力，切实防范制度之殇。

谁来关心中学校长

2015年10月1日《中国教育报·校长周刊》共两版，刊文九篇。其中一版的组稿主题是"走进课堂，做接地气的校长"，一共五篇文章，六位作者。一位是中国教育科学研究院基础教育课程教学研究中心主任，一位是北师大教育管理学院院长，另外四位作者是小学校长。另一版有四篇文章，一篇作者为教育部校长培训中心主任，两篇作者为小学校长，一篇作者为初级中学校长。作为主要面向中小学校长的"校长专刊"，一期当中，高中校长缺席，不仅使对问题的讨论显得不完整，甚至难以击中肯綮，也从另一个角度折射出当前教育存在的问题——理论与实践的严重脱节。一群不太接地气的人在慷慨激昂地探讨怎样"做接地气的校长"，岂不有点黑色幽默。《人民教育》2015年第14期是"学校品质提升"专辑，发表29篇文章，其中作者来自小学的有14篇，作者为官员、学者的有10篇，作者来自中学的有5篇。而来自中学的5篇中有4篇的作者来自北京的学校。《课程·教材·教法》是一本研究基础教育课程、教材、教法的杂志。我曾随机统计了2014年第9期的作者情况。该期共发表文章22篇，其中只有两篇是中学教师写的。这两位作者，一位是中学校长，另一位是1939年出生的退休中学名师。22篇文章共有31位作者，其中来自中学的共四人，小学一位也没有，其他均为大学教师、研究人员以及大学教师所带的研究生。触发我做这样无聊的统计的原因是，我在看这些文章的时候，总有一种隔膜感，于是自然而然地要问一问这些人的来路。

这期《中国教育报·校长周刊》第一版专门探讨校长要不要带课的问题。"卷首"文《校长要念好学校的"课经"》强调:"课程是教育的核心,课堂是课程建构的时空组织,学校课程规划是现代校长的重要使命,校长只有深入课堂、深入课程,念好学校的'课经',才能深刻而真实地推进学校的改革发展。"文章认为:"校长的'课'之于教师的'课',不是替代性和竞争性的,而是支持性、指导性和领导性的。""专家观点"栏目文章《"校长上课"需因校制宜》认为,校长要不要上课,"不是一个凭经验、决心和胆识来决定的事情,它需要结合实际来认真讨论"。作者认为,要澄清这个问题至少要明晰以下三点:一是校长角色不同于一般的管理者和教师的角色;二是校长专业化并不意味着教学专业化;三是"校长上课"需要权衡利弊。文章最后说:"必须要说明的是,不赞成'校长上课',并非否定校长教学领导力的重要性。锻炼和提高校长的教学领导力,并非要校长亲自'操刀'。校长有足够的精力和时间去关注教学改革的前沿动态,深入研究教学问题,尊重教师的专业自主,以创新的思维和方法去带领教师探索新的教学理念和模式,这才是提高校长教学领导力的正道。"我非常赞成这两篇文章的观点。我一向认为,激发教师的智慧比制度建设还重要。校长领导教学,并不是要让全体教师都按自己的模式去上课。校长切不可逞能!另外三篇小学同行的大作分别是《我是校长,我上课》《校长轮班教学见真章》《校长流动带课好处多》,顾名思义,不需多言。后两篇所写,在我看来,就属于"逞能",基本就是捣乱。如果在高中,如果在高三,结局只有一个,就是被学生撵出课堂。校长的职业价值在哪里?所谓专家型校长,指的是精通管理的校长,而非"学科教学专家+不通管理"的校长。

《中国教育报·校长周刊》的另一版发表《校长要成为专业的领导者》,文章指出:"从我国的现实状况来看,校长队伍的整体状况与专业的要求还有很大的距离,还难以适应国家改革发展对教育家办学的要求。如果把各种职业分为专业、非专业和准专业等不同类型的话,校长这一职业还很难达到专业的程度。教育改革与发展的客观要求和校长队伍建设的客观要求,都需要校长遵循专业标准的要求,逐渐成为专业的领导者。"近年来,教育部先后发布了《义务教育学校校长专业标准》《普通高中校长专业标准》《中等职业学校校长专业标准》《幼儿园园长专业标准》,明确规定了"校长是履行学校领导与管理工作职责的专业人员"。显然,再讨论校长要不要上课,不仅在理论上无视校长的"专业性",而且在实践上也属于"越权"行为。令我百思不得其解的是,在全社会大力呼吁、教育部积极推动、发达国家早已实行的校长"专业化""职业化"在中国尚属起步阶段、配套政策还很不完善的情况下,为什么有那么多人"揪"住"校长上课"这个问题不放?有的地方教育主管部门甚至喊出了这样的口号:校长不上课就"下课"!

我同意"校长上课"要因校制宜的观点。可以提倡校长上课,但不能搞"一刀切"。这既是对校长专业的尊重,也是从情感上对校长的一种保护。我在《学校行政科学化是"去行政化"前提》一文中写道:"行政人员专业化、专门化是中国学校一直试图解决但一直解决得不彻底的问题。大学里本来就有教师、教辅人员和后勤服务人员三支职能定位很清晰的队伍,而恰恰是干部队伍专业化、专门化不够。大多数领导同时也是专业技术人员。学校不是政府,学校行政人员的管理素养总体不如政府公务员。那些所谓'双肩挑'的行政人员,在学术至上的潜意识里和'课比天大'的实际要求下,没有几个人潜心做行政工作。很多人是两头好处都要沾,这才是真正的病灶。'去行政化'不是不要行政,而是要去掉无效行政甚至是负效行政。有人认为,现在大学官员对教师和学术的尊重甚至不如新中国成立初期那些从战场上转业的干部。其实不难理解。而在中小学,职员队伍普遍未建立起来,行政工作基本处于应付状态,人力资源都集中到应试上面去了。即使与台湾、香港比,大陆的中小学行政专门化与之仍有较大差距。缺了有效的行政,学校同样难成为学校。"以我们学校为例。按照编制标准,学校可以有不超过 16% 的教辅人员。假如按照 15% 的标准,我们现在应当有 30 位教辅人员,但现在实际仅有 12 人,完全不上讲台的只有 10 人。编制都投放到专任教师队伍里去了。一位物理教师本可以教六个班的初二物理课，但现在只能带三个班。专任教师只好增加，学校管理和服务就只能削弱。所以，我认为，校长队伍建设的重点是，通过一种机制，促进校长潜心致力于学校管理，而不是在要不要上课上反复纠缠。

校长要领导课程教学，因此，最好要熟知"教学"。但事实上，如果善于领导，即使不懂教学，也依然可以领导好学校。这样的例子数不胜数。校长要不要上课，在绝大多数国家是一个根本无须讨论的问题。校长就是校长，要不要上课是他自己的事。拿考核具体专业工作人员的标准来考核其领导者是一个极其荒唐的做法。杂技团的团长，每年要演多少场杂技，而且还应该是难度最大的；医院的院长要像普通医生那样去看病，上手术台；设计院的院长要亲自画图纸；报社的总编辑要像普通编辑那样写稿编稿；还有那么多具有专业职务的政府领导都得从事本专业的工作……这个能成立吗？因此，我认为，对于绝大多数公立学校而言，与其要求校长上课，不如强调校长要真切了解课堂更科学。而"了解课堂"的形式是多种多样的。

我担任副校长、校长20多年，前半段一直上课。我的体会是，要做到两不误是非常不容易的。我做副校长的时候，校长、书记也不带课。有一年，因为缺人，校长兼任了初二某个班的物理课。他书教得很好，非常认真，课后经常找学生到办公室面批作业。我当时的感觉是，找校长汇报工作很难，排不上队。心里就埋怨：校长，您别带课行不行！我一个分管教育教学的业务副校长，办公室就在校长办公室隔壁，居然都找不到机会汇报工作，何况一般老师？我担任校长后仍然一直带课。我带的是高中一个班的语文课，每周正课六节、早自习两节、晚自习两节、周六两节，每周12节。12节课12个进度12个教案，是专职语文老师满负荷工作量的三分之二，超过专职理化老师的满负荷工作量，更是超过音体美老师。那个时候，我每次上课都在门上挂一块牌子，上面写着"上课至几点"等话，好让老师知道我的去向、在确定的时候能找到我。我现在去听课或外出开会，也都习惯给办公室打个招呼或在行政群里招呼一声，其目的就是要让找我的人知道我的去向。我不赞成校长以外的其他干部带太多的课，包括中层干部。同样是因为"课比天大",干部课带多了,管理就难免会出问题,甚至连开会都找不到时间,或者会刚开始人就跑掉一半。人的精力是有限的。干部的工作重点是管理,是保障教师的教学。课带得再好也不会自动生成领导力,而服务不及时,不仅影响教学,而且损害学校形象。某一年,教师严重不足,好几位中层干部都带着与一般老师同样的任课量。结果在教代会上有代表提出:我们带两个班都很吃力,他也带两个班,说明这个主任是不需要的。实在让人气不打一处来。秀才遇到兵,讲不清理的未必就是兵!

做了两年副校长后,我调任一所初中担任校长一年半,因历史课缺教师,我教了两个班的历史课。我在校长任上送走三届高中毕业班,我觉得自己算不上游刃有余。一位校长带高三毕业班12节语文课,与带初中一个班两节地理课,或者小学一个班两节思品课,工作量是不好比的。当年,我的教学成绩是名列前茅的,基本都是第一。但太辛苦,而且基本没有了学习的时间,更别说做研究。而调课则更是家常便饭,搭班的老师心里多少是有些怨言的。也很难有幸福感,因为自由支配时间是获得幸福感的前提。我的大学同学曾直言:"这么大学校的校长,当好了已是不易,你不要再误人子弟了!"学校当时有66个班,学生3600多名,教师226人。行政事务繁杂。我扪心自问:很难不误人子弟!教学完全靠课堂45分钟,课后辅导基本没有。我中午不休息的习惯就是那时候养成的,因为只有中午那个时候才不被"打扰"。而我现在之所以还可以著书,与我不带课是有关系的。

2007年筹建附中以来,我没有再正式带班上课,但丝毫的悠闲都没有。因为是寄宿制,我待在学校里的时间远远超过过去。我现在担任校本课程"时评例析"的教学任务,压力不大。我对自己重回课堂做一位称职的语文教师充满自信,而对既做一位优秀或者称职的校长又做一位受学生真心欢迎的语文教师已经没有十足把握。一是年龄大了,精力差了;二是现在的形势也大别于当年。当年有同行说"法人"不是"人",意谓校长过的不是人的日子;如今,校长的日子可能更糟糕,不仅任人差遣,而且四处挨骂。连看文件都来不及，还能做什么事呢？连学校管理都左支右绌，还能潜心教学吗？

我一直在思考一个问题：为什么今天的校长会遭遇四面楚歌，特别是高中校长？首先，校长也是教师，而教师的名声现在就被糟蹋得不成样子，校长被黑只会有过之而无不及。其次，现在高智商高学历的领导搞的花样太多。他必须在有限的升职空间里玩足花样，否则便没了前途。坦率地说，我无数次接待过不同级别的领导，但领导见到我问的都是升学率；我也无数次参加过各级主管部门的会议，会上说的也是升学率。校长被围在社会、主管部门、同事、家长、学生以及众多社会关系中，几乎左右不是人。因为围困你的人并非利益共同体，你即使献出生命，也很难有一半的人说你好。我们可以看一看网络上关于校长话题的评论，除了骂还是骂，哪怕是面对优秀的校长。对校长提出诸如"不上课就下课"一类的无理要求，绝非单纯是个业务或学术问题，更是伦理问题。如今，校长被欺负已属司空见惯。学生放假淹死在自家水沟里，学生在校外被校外人打了，某一位老师超计划生了一个孩子，老师或家长越级上访了……校长都有可能因此会被处理。所谓"综合治理"，某种程度上就是"连坐"，古老的治理手段而已。显然，"校长"在错综复杂的关系中已经被预制为"工具"甚至是"敌人"而置之于"卑劣"地位，但凡出一点问题就会唯其是问。我经常想，这个社会骂完医生骂老师，骂完老师骂校长，连一点道理都不讲，在这样一种氛围中，校长还能不受点委屈？校长必须明白，建设好一支优良的师资队伍比创造一流的升学率更难，而一流学校及其应具备的一流的教育服务品质是离不开一流的教师队伍的。因此，必得虽万难尤需迎难而上！

明晰校长的职业属性，尊重校长的职业特点，遵守相关法律法规，保障校长办学自主权，就是对校长的最有效保护。我提倡"教师生活在学生中"，也即教师应当将更多的时间拿来与学生相处，而非闭门做学问。校长自然不能例外。《校长轮班教学见真章》的作者为了让学生认识自己，校长便轮班教学，我不知道这到底是为了谁，还敢在报纸上介绍经验！为什么所有学生在很短的时间内都能认识我而我也能认识很多学生？因为我几乎每天做操的时候都站在升旗台处迎来送往，迎来第一位同学，送走最后一位同学；因为我每天差不多都要从他们教室外面走两趟；一天三餐、一周六天与他们一起在同一个食堂排队就餐；再加上现在获取资讯的途径那么多，认识校长有什么奇怪的呢？

我不知道自己站在第几线，能不能算"第一线"？我一直将自己视为普通教师，我从来不会用官腔谈什么深入"基层"，到"下面"看看，我觉得自己就在"基层"、在"下面"。有"教育家"标榜一年三分之二时间在外讲学，只有三分之一时间在校上课，不仅效果好，而且还以"民主""科学"的名义总结了一套经验四处兜售。我很不以为然。教师的岗位在讲台，校长的岗位在学校。培养学生自主学习与老师周游列国、抛开学生任其自便能是一回事吗？什么是校长的专业属性？很值得教育人认真思考！

只有被尊重的教育才是有效果的教育

有一次，辖区警务部门负责人到访，我一如既往地热情接待。谈话中他们提及一起学生间的纠纷，我向他们仔细介绍了情况，并告诉他们已经妥善处理。不想，他们递给我一式两份处罚通知书，让我签字。处罚的理由应该是"内保"出了问题，因为学生在校内"打架"了。我当即表示拒签。我说，做校长20年，还没听说过学生在学校发生一般性小纠纷公安来处罚校长的，况且报案的学生是在校外被打的，要处罚也应该处罚你们。到访的同志从交警部门才调过来，我调侃地说："你们交警可能罚款罚顺手了。"通知书盖着公安分局的章。我说我去找他们领导。后来我给分局领导汇报了事情的原委后，这事就算了了。

学生间的纠纷是发生在初二年级的两位女生中的。

一次月假前夕，一位香港籍A同学在卫生间"打"了另一位同学B，情况不是很严重。因为发生在女卫生间，又因放假前夕，当时B同学及其他学生没有报告老师。假期结束后，B同学家长找到学校，说孩子在学校被打了。年段和德育处的老师调查后确认，A同学确实无故打了B同学。后果不严重但情节恶劣，遂给予A同学警告处分。这位港籍的A同学家长四处找人向学校施压，想免于处罚。港人到了内地即深谙人情社会的窍门，于是利用起人际关系来比大陆人还娴熟。对这类相信"关系通神"的港人我是深恶痛绝的。一周后的周五下午放学后，B同学的姐姐在校外的公交站亭上将A同学打了一顿。A同学家长向派出所报了警。学校知道情况后，经过调查确认，这起校外纠纷源自前次校内纠纷，属于同一起矛盾纠纷。虽然 B 同学没有动手，但喊了校外人员参与打架，学校遂从重施以"记过"处分。但 A 同学家长不满意，要取消前面对 A 的处分。学校认为，事因 A 起且有过在先，处分是恰当的。B 同学学校已经处分，而对 B 同学姐姐的处分是派出所的事，学校无权处理。A 同学家长利用自己的港籍身份，既四处托人，又向上投诉。相关人员找我们，我们又拒不让步。"相关人员"一生气，决定干脆给校长来个处罚，看还听不听话。当然，这背后有什么真实故事我们也是不甚了了。

没有一位家长不认为学校要有规矩；而学生违反了校规，也没有一位家长不认为要依规处理的。但要看这学生是谁家的孩子。如果是他自己家的孩子，他便有一百个应免于处理的理由，而且学校和老师绝对不可以将孩子吓着了。如果家长是知识分子（不分大小）或某个官僚（大小不分），他会头头是道地说得你甚至于恍惚中觉得是自己犯了错误。这就是中国的家长，一群全世界最辛苦的人。

曾经有一起发生在美国的中国留学生暴力群殴同伴的事件引起全社会关注，也引起我们深入思考。受害人刘某被扒光衣服，被加害者用烟头烫伤乳头，用打火机点燃头发，强迫她趴在地上吃沙子，剃掉她的头发逼她吃等。期间还有人用手机拍下了刘某的受虐照和裸照。整个折磨过程长达五小时。刘某遍体鳞伤，脸部淤青肿胀，双脚无法站稳。最终，美检方作出判决，两名主犯被判终身监禁，两人累计保释金高达 600 万美金，折合超 3600 万人民币，是美国历史上留学生犯案保释金的最高纪录。据当地媒体称，这宗案件性质之恶劣，手段之残忍，涉案人数之多，所犯罪行性质之严重，在美国刑事案件中实属罕见。"这些孩子，粗暴残忍，既无法治观念，也毫无人性关怀。"更丢人的是，某被告的父母来美后贿赂受害人和证人，想私下用金钱摆平，也立即被逮捕关押。据说，两名被告第一次出庭时完全蒙掉了，原以为学生打架顶多是被校方教训一顿，连开除学籍都谈不上，没想到在美国很有可能要把牢底坐穿。当然，"罪犯"最终未必会坐穿牢底，但这样的教训对于当事者以及所有人都是极为深刻的和具有极大震慑作用的。这比讲再多的道理都有用。

　　校园霸凌现象由来已久，全球皆然，人性使然。但近年来，中国学校呈多发趋势。仅今年，媒体就报道多起发生在中小学生中的恶劣暴力事件，影响极坏。是到了出重拳加以治理的时候了。法再严刑再峻，只要不侵犯人权，不妨碍人们正常生活，大多可行。就生命存在的本质而言，所有的生命都是等值的。"法"亦属科学，但终归是一种"约定"，并非任何时候都必须如此。在现有人际关系和社会秩序需要的情况下，"法"是可以修订的，甚至无论多么不近情理都有存在的理由。"勿因恶小而为之"，法治素养由"小处"更能见真。于"小错"处熟视无睹以及惕于天大的错误皆由于人性。人难免要犯错误，但那些足可因之改变一生的错误是一定不能犯的。千里之堤溃于蚁穴，大错之铸成多由小错始。所以，所谓错误，大多数时候都是可以忽略的"小"错误。但如果一概忽略，天下就会大乱。因此，"小"处绝不可随便。我历来认为没有惩罚的教育不是完善的教育，主张中小学管理也要赏罚分明。而对发生在学生当中的欺凌事件坚持从重惩处，断无让步之可能。不在学校不晓得这类现象之普遍，不当老师不明白这类行为的危害。

　　有天中午，我接到一位家长的电话。根本轮不到我讲话，电话那头激动的言语滔滔不绝。原来是孩子在校叫外卖，要被处以警告处分。这件事我也只隐约知道，至于怎么处分我不知道也没必要知道，因为学校有明确的规定。德育处按章办事，无须请示。为了不耽误家长的工作，德育处还是利用休息日约家长过来谈一下。不想，家长一百个不愿意。我见缝插针地说了句"我明天了解一下"，那边马上说"不行。明天要宣布，你今天就得找"。我说："我只是了解一下情况，不会改变他们的决定！"那边说："给孩子处分也没有经过家长。"我反问："不是还没有宣布吗？今天让你们来不就是通知你们吗？"那边说："白纸黑字，公章都盖好了。"我回答："学校有制度，处分也是教育。请家长来是希望你们帮着做好工作，将负面影响降到最小，不是和你们商量怎么处分！"接着那边就开始数落："我们家离得比较远，不是天天来。有些家长经常带孩子出去吃饭，我们也是知道的。叫外卖的事也不是第一起，我们也是知道的。初中到附中来读书，我们是信任的；上高中的时候，本来可以到别的学校……现在已经高二了，说这个也迟了……"我连说了几遍"不要激动，听我说一句"都没能阻止他，我挂断了电话。后来他给我发了个短信说了些不相干的话，我回复："为了孩子，我们不会有分歧！我能理解您！但您一定要相信我们的用心！"傍晚，他打来电话，我们聊了很长时间。总之，听得出来，他依然不希望处分孩子。有两层意思我印象深刻：一是他的兄弟姐妹的孩子都很优秀，其中有在高中入党的；另一个他反复讲了几遍"希望学校高高举起轻轻放下"，批评批评，最好不要处分了。我说我们本来就是"高高举起轻轻放下"，你非要我们挑明，还有意思吗？我觉得，如果家长不插手学校事务，学校教育的效率要提高许多。

我所知道的中国内地的中学，处分学生基本就是吓唬吓唬孩子。处分下达后，要定期反馈，过一段时间没问题，写个申请就撤销了处分，根本不可能记入档案，今后没有任何痕迹。为什么说中学综合素质评价意义有限，道理就在这里。关键处，里里外外都不够真实，哪里有什么参考价值呢？但如果连样子都不"装"，那还怎么教育学生？"高高举起轻轻放下"是结果，如果举的时候就声明在先，那还举来干吗呢？我们学校现在最大的"撒手锏"不是纪律处分，而是取消寄宿资格。取消寄宿资格比留校察看的处分都管用。先例中就有成绩很好的同学被取消了寄宿资格，走读了很长一段时间。我对替违纪学生说情的事极为反感，也绝不让步。我完全理解在没有规矩的情况下大家可以为所欲为的合理性，但一旦立下规矩且反复宣传却依然我行我素，我是坚决反对的。对于被处分的学生，家长如希望我找孩子谈谈的，我一定照办且非常乐意。我觉得，只有被尊重的教育才是有效果的教育。

家长那几句话说得匆忙，但其潜台词都非常明确。

"我们家离得比较远，不是天天来。有些家长经常带孩子出去吃饭，我们也是知道的。"——孩子叫外卖是可以理解的。

"叫外卖的事也不是第一起，我们也是知道的。"因为别人也违纪，所以我违纪了就可以不算违纪。

"初中到附中来读书，我们是信任的；上高中的时候，本来可以到别的学校……现在已经高二了，说这个也迟了……"我到这儿来读书，不是受处分的。谁说不是呢？显然，他后悔了。但我们从来不会强迫任何人到附中读书。你信任我们，将孩子送来了，我们就要负责任。

至于"别人家的孩子"……可是，为什么我们不能像别人家孩子那样遵守纪律呢？平心而论，在处分面前家长有一点担心是正常的，也是可以理解的。但此时，家长的正确处理方式显然不是四处求情。某种情况下，处分不见得是坏事。我们不能将本来不坏的事搞到坏透顶的地步！

再谈学生的"现实快乐"

2016年2月25日的《中国教育报》发表了我的《谁动了学生的"现实快乐"?》一文,当天就有人针对此文在网络上发表了《"现实快乐"这碗鸡汤并不好喝》。细究,文章并没有完全搞懂我所说的"现实快乐"的内涵。

什么是现实快乐呢?这是针对"将来的快乐"而言的。中国有古训:"吃得苦中苦,方为人上人。""少壮不努力,老大徒伤悲。"不是有校长质问学生"不读书、不吃苦,你要青春干吗"?按这位校长的意思,"青春"就是吃苦的。总之,学生得吃点苦。人生下来先得吃苦,然后再过好日子。没苦找苦,不苦不行。这些道理我并不简单反对。而我所说的"现实快乐"的意思乃"眼下的快乐",要快乐在当下。我不知道"青春"的界线在哪里,但我觉得那些认为"青春"一定得苦、一概是苦的观点肯定不成立。那种现在快乐将来就得吃苦的绝对论调我更是不敢苟同。何况我所说的"现实快乐"根本就不是"不要读书"的意思。相反,正是喜欢读、会读,读得懂,主动读,读得快乐。

2012年1月6日,我写了篇博客《要关注学生的现实快乐》。这是我第一次提"现实快乐"一词。触景生情,灵感一现而得。

写那篇文章之前的1月3日,高中会考,到我校监考的一位老师带来她读小学四年级的女儿。小女孩儿趴在桌上抄了一上午语文课文,下午又抄了一会儿。据说课文从头至尾要抄五六遍。老师们总是要算计学生那点假期，总要找点"活儿"给他们干。抄完课文后，小女孩儿高兴地用手机玩着电子游戏。一天时间，她一直在室内，要么抄着中国人创作的语文课文，要么玩着外国人发明的电子游戏。这是个学习不错性格开朗的孩子，但从这样的周末生活里何来想象力和创造性，又哪里有童趣和顽皮？抄课文有没有用？如果用心抄，第二天又这样"考"课文，多少是有点用的。但问题是为什么要这样"考"呢？考，难道不是人为的吗？

  作为教师，我们无法绕开高考这道关。甚至除高考外，学生一生免不了还要参加其他各种考试。良好的应试心理和应试能力能使我们拥有更多的成功捷径。但我们要清楚，并非抄写得越多，考得越多，压力越大，应试心理就越好，应试能力就越强。我们不必有太远大的目光，但假如我是小学老师，我可以六年统筹考虑；假如我是初中或高中教师，至少可以三年统筹考虑。考得稍微精一点，不公开学生的考试名次，不患得患失于眼前，不争着做第一，耐得住暂时的寂寞；不把学生作为自己获得名利的工具，与学生"休戚与共"，则学生就可能拥有较多的现实快乐。如果初一就用初三的力气学，高一就进入高考临战状态，除了题目还是题目，则学习还有什么乐趣可言？老师们心里很清楚，但很无奈，问题往往出在主管部门、学校、社会，出在制度上。但不排除有些老师有应试情结和竞争怪癖，虽"己所不欲"还要施于人，非搞得硝烟弥漫不行。改变不了环境就只好改变自己，我们少一点急功近利，学生就会多一份轻松和快乐。

  2012年6月4日，我的这个观点上了《光明日报》的"观点"一版。2016年2月25日发在《中国教育报》的文章，原题为《要切实关注学生的"现实快乐"》，后编辑改为《谁动了学生的"现实快乐"？》。为什么说"要切实"，是因为现在大家关注公平、均衡、质量，而这三个指标最容易导致忽视对"学困生"生存状态的关注，"学困生"的境遇会越来越糟糕。

  西谚云：种树的最佳时间是25年前，仅次于它的时间是现在。早知现在，何必当初！万事未雨绸缪最好。这些道理没问题。我一直赞成读书要刻苦，所以我说的"现实快乐"并非指不要刻苦读书。真正刻苦读书的人，没有几个是被逼而不得不刻苦的。退一步说，沉迷于玩乐何尝不可谓之为一种"刻苦"？跑步、唱歌、钓鱼、跳广场舞、通宵玩游戏，等等，为什么能"乐"此不疲？因为能找到快乐。为什么有学生觉得读书痛苦，是因为他无法达到目标。有相当一部分学生，到了某个时候，他的学习就出现了困难，有的能扛过去，有的就是扛不过去，决心再大也没用。甚至甘愿受到体罚也不愿意做作业，正所谓"习得性无助"。这其中的奥妙，老师和家长难道搞不明白？在困难无法得到解决的情况下，我们要允许他开始新的选择。

　　如果教师和家长心中容不得孩子快乐，信守"三天一顿打，孩子上北大"，甚至为了上北大，宁可一天三顿打，那自然没必要谈什么"现实快乐"。如果我们容不得他闲，怕他闲而生事，就很容易找到一根根绳索将他捆绑起来。反之，如果我们解决问题的出发点是"不损害孩子的快乐"，如果我们心中想到孩子的"现实快乐"即"眼下的快乐"，我们一定是可以有所作为的。举一例说明。我有几个朋友、同学，一年总有那么几次举家聚会。刚开始，开饭不到10分钟，话题转向孩子的学习，非要将孩子讲到眼泪汪汪为止。后来我就"约法三章"，饭桌上一律不得涉及孩子的学习问题，孩子们个个兴高采烈。这就是关注孩子的现实快乐。其实，那一刻当着孩子以及那么多人的面谈学习就是不识相，正作用一点没有。我带孩子出去玩，从来不布置作文，更不会一路念叨"玩了几天，回家一定要认真做作业"等。玩就让他心无挂念地玩。到了读书的时候就好好读书。家长要作表率。你自己从前不读书，现在也不读书，工作之余打牌、跳舞、看电视，让孩子刻苦读书，效果能好吗？

　　而我所说的关注学生的"现实快乐"的另一个重要内涵就是老师要设法将学生"教会"。教不会也要寻找另外的出路。学生未必喜欢所谓的素质教育，素质教育有时候更苦更累，但学生一定不喜欢搞不懂的应试教育。他已经是你的课堂的局外人了，你还让他刻苦，他有方向吗？你拿不出解决方案，又不愿意付出起码的同情，哪里算得上善良呢？而善良乃为师之根本！显然，教师解决不了根本问题。但我们又不是教育部长，我们只好操自己的心，能做多少做多少。心里始终想着孩子的幸福快乐，真诚，善良，别骗人！

"现实快乐"这碗鸡汤一定存在，而且很好喝！只要时刻有这份心，你会发现师生关系更美好，你的工作状态更优雅。

"与长者交,大好!"

突然收到徐报德老先生邮寄来的一封平信,很是激动。信的全文如下:

姚校长:

您好,常在想念您。

认识您时,我就想:这样的人才退休后不知是怎样的。

我今天提笔写信,是因为看到《教育部等六部门关于印发〈义务教育评价指南〉的通知》里有这样一句话:"要积极探索采取政府购买服务方式,培育和委托第三方专业机构开展义务教育质量评价工作。"

《中国教育报》2014年10月1日发表一篇文章《教育智库如何成长与发展——来自澳大利亚教育研究委员会的经验》,我读后经常想现在中国有没有这样的研究机构?我很喜欢这样的研究共同体。

我在安徽工作时,没有"共同体"这个词,但有志同道合、乐在其中的教师小群体,生活过得很愉快。

段艳霞组织的青年教师自主成长的共同体,您有空请为之思考思考,多给予指导。他们有活动,我总喜欢参加,乐在其中。

我这个人,年纪越大,头脑里的问题越多,有苦有乐,自己也不知道在过什么生活。

你们很忙,用不着给我回信。等您较宽松时,我再叫小段陪我到您那里玩玩。很喜欢观我们的厦大附中。

向夫人问好！

徐报德

"很喜欢观我们的厦大附中"一句话更是让我激动不已。随信还寄来了2014年10月1日《中国教育报》发表的《教育智库如何成长与发展——来自澳大利亚教育研究委员会的经验》一文的复印件。为了不影响他午休，下午三点我给他打电话，谢谢他对我的关心和惦记。虽然我怕他多讲话费气力，但也不忍中断我们的谈话，因此聊了不短的时间。我们约好在附中再相见。随后我给厦门教科院的段艳霞老师（徐老信中提到的段艳霞、小段）发了一条信息："段老师好！中午收到徐报德老师写来的一封信，除探讨一些问题外，他还提到想来附中看看。您看这样可以吗，5月份选个时间，请你们读书共同体部分成员来我校开展一次活动，也请徐老同来？我们图书馆里有个文学馆，可以容纳几十人交流，还有一些阅读单元可供交流用。馆外还有个阅读平台，可读书，可交流，可观景。时间可以安排一天。徐老是老革命，适逢建党100周年，我们要给这位72年党龄的前辈献花的。"段老师愉快地答应了。

2021年的世界读书日期间，4月21日的《中国教师报·教育家周刊》发表了由徐老口述、段老师整理的文章《徐报德：读书是我的"精神养老院"》，我反复读了几遍，受益良多。徐老在文中说："我一直迷恋教育，研究教育，退休多年了，没人要求我做这些，都是出于自己的好奇心和兴趣。我觉得，教师上课也好，做教学研究也好，都要保有一颗好奇心才能真正做好。"他在文章的最后说："我想对青年教师说，不管你处于什么样的环境中，你都要做一件事：阅读，阅读，阅读。教师成长没有其他途径，就是阅读—实践—反思（总结）—研究。主动、积极地读书，是教师成长的内因，是教师成长不可或缺的重要机制。"正因如此，徐老从78岁开始，一直参加段老师组织的厦门青年教师成长共同体活动，他说："从中我体会到自己的成长，感到人生很快乐。"他还说："这个共同体对我影响很大，年轻人的好学和上进心让我忘记了自己的年龄。我常说，参加共同体的活动，我就是在'吃药'，在吃防止记忆力衰退的'药'。"

徐老1930年出生于厦门，1949年入党，曾作为中共地下党员迎来厦门解放。1950年高中毕业，1951—1956年在浙江大学教育系学习，毕业后分配至安徽师范学院（现安徽师范大学）任教，1957年调至安徽省徽州师范学校任教。1962—1976年先后在福建南平师范学校、南平三中任教。1976—1985年在厦门五中担任英语教师。1985年受命组建厦门市教育科学研究所（教科院前身），是厦门市教科所第一任所长。长期担任厦门市教育学会秘书长、副会长、学术顾问，被誉为教育科研的"义工"。

收到他的来信之后的几天里，我和段老师认真策划了一次读书共同体活动，但因各种原因未能尽快付诸实施。后又因高考、中考等接二连三的大型考试、疫情反复、天气炎热等原因，一直拖到不久前徐老才再次走进附中。这是我们第五次见面。那天，他在校园里待了一个下午，全程步行游览了校园。我送他新著《让教育稍稍有点诗意》，并就"诗意教育"等话题在文学馆畅谈至夜幕降临。

我初识徐老是在2018年国庆假期。此前与徐老并无交往，只隐约耳闻其名。国庆假前，厦门海沧区教育局副局长孙明云兄来电，说徐老经常看我写的文章，想来"拜访"，问我可否，我说当然欢迎。放下电话便颇踌躇：与长者交，是否应该先登门请安？后来一想，他来可以顺便看看学校，我再找机会登门拜访不迟。于是便充满期待。

我是在火车上接到明云兄的电话的，当时并未听清徐老的名字，只想当然地以为是"徐道德"。为了"备好课"，前后几天数番百度均未查到任何相关信息，后来才知道搞错了徐老的名讳。10月5日下午，明云兄发来信息，约好"7日上午10点到"。我不知道徐老高寿几何，为了不至于忘忘，我问明云兄"徐老腿脚方便否"，他说"腿脚还行"，于是我就安排了走走校园的计划。事实证明，徐老腿脚不是"还行"，而是相当好。后来得知，他家住在七楼，老房子，没有电梯，每天爬楼梯，负重亦无所畏惧。

徐老下车即紧握我的手一直不放，我们便相携走进电梯，来到四楼的办公室。刚一坐定，他便从包里拿出一沓剪报，多为我的文章，实在令我感动。那一刻，我唯一的想法就是我必须继续努力，否则愧对徐老等许多关心我的人。在我的办公室里，大家聊了一个多小时，基本围绕着教育和阅读。精彩不断，不可胜记。与长者交，获益良多。在办公室里，徐老也不时握着我的手。走在校园里，每当我搀扶他，他总是说他没问题，反倒是他时不时地扶着我。行走中我们耳语不断，交谈的话题大多超出了教育。亲耳听老革命谈"初心"便有豁然开朗的感觉。

徐老虽至耄耋但读书不止，《中国教育报》《光明日报》《人民教育》等报刊 30 多年阅读不辍，是我们学习的榜样。他博闻强记、思路清晰，对当今教育非常关心和了解，这同样是我们学习的榜样。那次告别时，我在车窗外情不自禁地说："您鹤发童颜，正应了'读书是最好的美容'那句话。"徐老一脸欢喜。送走客人后我发了个朋友圈，收获不少的点赞和留言。恩师汤华泉先生留言："与长者交，大好！"我顿觉大受鼓舞，甚是高兴。汤先生既是业师更是交往多年的长者。大学毕业以来，除了不多也不少的见面外，早年互通了很多信件，现在又是微信好友。我于汤老师处所获教益甚多。我的体会是，与长者交，实乃大大好。

2018 年 12 月 16 日，我们在厦门大学思明校区为五位附中学生各自出版的作品集举行新书发布会，徐老应邀参加，那是我们第二次见面。汤华泉老师作为访谈嘉宾也参加了发布会。2019 年 6 月 4 日，我带着新著《让教育更加尊重生命——姚跃林教育演讲录》登门拜访徐老。2020 年 6 月 11 日，我带着新著《教育无非服务》再次登门拜访。

徐老看我的文字是逐字逐句看的，不仅用红笔做记号，还有批注、摘录。我发表在《中国教育报》上的那些文章他都做了剪报。他还复印了我书中的很多文章，重新装订成薄薄的册子，便于躺在床上看。我在感动、惶恐之余也有一种被前辈认可的幸福和快乐。徐老坎坷的人生经历、豁达的处世态度、学习不辍的进取精神让我力量倍增，我不仅因此感到现在很幸福，也相信未来一定会幸福快乐。

一辈子在工作中生活，在生活中工作，或许就是幸福人生。用生活的态度对待工作，可以看淡工作带来的焦虑；用工作的态度对待生活，更容易发现生活的价值和意义。做一个人生始终有目标、精神永远有追求的人，内心更充实，灵魂更圣洁。这些都是我与徐老师、汤老师交往所得。

与长者交，我们更容易发现生命的真谛。

读书改变了什么

知识改变了什么？知识改变了命运。我们都这样说。读书改变了什么？如果是单选题，最佳答案可能还是"改变了命运"。

看了《中国青年报》"冰点·特稿"《读书改变了什么》一文，虽说信念并未因此改变，但心里颇有些不好受。我是一个大三学生的父亲，不免想到孩子大学毕业后干什么，即便暂时读研，毕业后还是要面临就业问题。我们连续四年招聘教师，如今就业的艰难我是深有感触的。其实我早就有这样的思考，我一直怀疑他所学的东西对他将来所从事的工作能有多大的帮助。据说，这个专业的成材率比较低，成功了在"天上"，失败了在"地下"，大有胜者为王败者寇的意味。如果成功率低于5%，那对95%的学生来说真的没有必要坚持到最后。有人说，我们要习惯大学毕业生卖猪肉、开出租、扛大包之类，我以为如果是暂时锻炼未尝不可，如果一辈子在柜台上抡刀卖肉、跑出租，一定不应该，一定是有人在撒谎，有人设圈套，有人因此上了当。

《读书改变了什么》一文整整一版，五个小标题分别是："大家都觉得上了大学肯定有出息，有前途""要学出一个有知识的样子，不能再回去种地，也不能像我一样打工吃苦""我想留在城市，城市就是比农村好多了""现实就是这样，找不到工作就要接受它""那时不读书，给娃买个三轮车，现在也发了"。一看就知道，这几句话要么是家长说的要么是孩子说的。看了最后一句大约能猜出这篇文章的内容。文中的"儿子"，2002

年上了西安的一所本科大学，专业是通信工程，所谓热门专业，毕业后在青海找到了工作，在野外铺通信光缆，试用期一个月600元，三年后辞职，在西安重新找了份工作，每月1500元。他的姐姐中学毕业，在深圳打工，一个月能挣三四千元。文章的结尾处，那个曾经充满自信和骄傲的"父亲"说："我看读书是没有用的。"

我坚信读书是有用的，至少是有意义的，关键要看怎么读。如果一直痛苦地做题，从3岁上幼儿园开始一直到25岁研究生毕业，22年里只有做题的痛苦没有读书的快乐，然后戴着深度近视眼镜并带着不得志的心理开出租车，如此"读书"确实没有什么用。何况大量的农村学生还要举债读书，他们连出租车也开不上，还债还要奋斗若干年。所以，我一直怀疑维持如此庞大的高等教育规模的科学性，用世界上中等靠后的经济实力办世界上最大规模的研究生教育，后患是显而易见的，与科学发展、建设和谐幸福社会是不相适应的，是一种头痛医头脚痛医脚的短期行为，是一种虚假繁荣。这个社会需要钱学森，但不需要太多的"钱学森"，如果全是"钱学森"，可能比没有一个"钱学森"还要糟糕。所以，确立正确的教育观、人才观、价值观、幸福观，从根本上确立和谐发展的价值理念，建设一个自由平等、竞争有序、物尽其用、人尽其才、潜力得到挖掘、个性得到发展、人人身心健康的社会，才是我们共同的理想。或许以邻为壑不择手段，是因为都只希望做"劳心者"不愿意做"劳力者"，是因为人类社会远未到达自由平等的境界。

做老师的最怕读书无用论，读书如无用，老师就是多余的。而令老师痛苦的是并无十足的理由驳斥读书无用论，然而让老师最痛苦的则是明明知道读书无用，还要强词夺理以为有用。当我们将读书庸俗地理解为晋阶的工具、挣钱的手段，是为了"黄金屋""颜如玉"后，当大众化的教育不能充当有效工具时，读书确实没什么用。一个字不识哪怕还是色盲照样可以繁荣文化，大家都下围棋好了，黑白两色，没有一个字。

眼下高校自主招生如火如荼，老师、家长、学生都有些不安心，因为自主招生也被炒到关系学生前途命运的高度。本来，一次高考就让人烦心了，现在又来了个"小高考"，而且比高考还复杂。我们不得不尽力帮助学生做好这件事，自然先要召集学生说道说道。我本人的观点是，自主招生跟大多数人没关系，一两千所高校中去年只有77所具备资格，而每所学校的自主招生计划只占其当年招生总计划的5%。从数字上看，自主招生一定是少数人的事。我掌握的数据是，福建省2010年参加自主招生获得通过的有538人，2011年有379人，最后真起作用的更是少数。当然，我也主张有条件有机会的要尽力把握，成绩越好越是有希望考上高分学校的获得自主招生加分的帮助越大。据说在上海，复旦大学最后纯粹通过高考成绩录取的只有几十人。自主招生已完全偏离本意而沦为"掐尖"的手段，其他都是扯淡。

热热闹闹中，我不免想起退学在家的蒋同学。蒋同学成绩不差，稍稍努力上个较好的"一本"没问题。但一边读书一边觉得读书没意思，终于在高二结束时坚决退学。老师们做了很多工作无济于事，我甚以为可惜，觉得这事不小，作为校长要去家访一次。8月初的一天，我和德育主任、班主任一起驱车100多公里跑到她家。她父母经营茶叶生意，家境殷实，衣食无忧。她正坐在宽大的房子里看电视，课本已堆在墙角准备卖掉。我们苦口婆心，她笑而附和，结果就是"真的不想读""在家帮助父母做做茶叶生意挺好""上了大学还不是那么回事"。我丝毫不觉得她的想法有什么离奇，只是觉得她现在在家也帮不了什么忙，能读书为什么不读书呢？茶叶生意什么时候都可以做，退学久了再复学就难了。但最终我们没能说服她。到这一步，就只能祝愿她快乐，不必再勉强。退学或许后悔，但读下去谁也不能保证不后悔，人生不能重复，责任只能自负。虽说如此，我仍深感遗憾，我是带着满心的希望去的。

看了《读书改变了什么》，心情真的很复杂，很压抑，既担心蒋同学也替奋力迎考的同学捏把汗，说不清怎样才是对的。但至少有一点我很确定，在读书的年龄里，能够读书，为什么不读书呢？假如你是玄烨，国家正需要你做"皇帝"，虽然你刚上小学，那也只好弃学从政了。那是没有办法的事！然而，我们不是闲着没事吗？读点书是可以的。眼光稍微远一点，不至于为读书而后悔的。多读点书，总归多掌握点知识，多点知识总能多明白点事理，多点知识也许机会要多一点。我们何妨将读书看作是一种积极等待呢？不必太功利，不要计算得太精确，这趟车搭不上搭下趟好了，靠近了车站就不怕没机会。

幸福有时来得也很容易

要赶傍晚的火车到福州,便提前到食堂吃晚饭,路过洁行楼便不由自主地走到高三教室。此刻当然不会见到高三的学生。上午毕业典礼结束后,他们陆续离校回家了。中午过后一会儿,反馈回来的消息称他们全部安全到家,我突然感到一种轻松。但轻松之余又有点落寞,这一去他们就成"客人"了。午饭后,我必须给自己布置一点具体任务,使自己直至晚饭前都有具体的事做,否则就会如坐针毡、一事无成。这一刻,高三楼层没有其他人,只有我在默默地走着。我看到每一间教室和茶水间都收拾得非常干净整齐,很是欣慰。当我走到高三(2)班的窗前时,看到玻璃上粘贴着四张即时贴,上面分别写着:

"校长好!"

"谢谢校长!安(画了一颗心)——附中人(画了一张笑脸)"。

"校长,您教会我何为'附中人''附中魂'。愿校长永远开心(画了一颗心)——2019届2班人"。

"谢谢校长的关心!我会常回来看您的!(也会常来学校蹭吃蹭喝哈哈。)——某个2019届2班人"。

我来回看了数遍,禁不住流泪了。我拍照后小心翼翼地一一揭下四张即时贴放进口袋里并带上了旅途。我不知道他们为何断定我一定会去,因为要出差,怕来不及,那天傍晚我原本是不打算过去的,只是走过那里似乎被一种无形的力量给拉过去了。

自 2012 年首届高中学生毕业以来，每年 6 月 9 日学生离校的当天傍晚，我都要习惯性地走到无人的高三年段巡堂。明知道巡无可巡，但我无法停下自己的步伐。每当那一刻，我总是心潮澎湃、思绪万千，怀念和不舍充溢于我的脑海。前年的 6 月 9 日晚上，我在微信朋友圈里发了这么一段话："照惯例，晚自习开始后到教学楼挨个教室走一圈，照样走过洁行楼三楼四楼高三每一间教室。看着没有灯光、空无一人的教室，心里空落落的。往年此时，至少还能看到他们留下的各种复习资料，多少还有一点他们的气息。今年因故也早早被清理运走了。捐书环节因此流产，学弟学妹们也很失望。对于儿子小时候剪下来的指甲都不肯丢掉的我来说，心里确实有点难过。"记得那天晚上我的情绪很低落。去年附中首次设置高考考点，考场就包括高三年级的教室，所以他们必须在 6 月 5 日中午前搬离自己的教室，而且要清理到不留一张纸片。也就是要清理掉他们生活学习过的所有痕迹。今年自然也如此。所以，我走过的教室只是关闭的考场。因为中考还要用作考场，所以这些教室暂时会空在那里。但我脑海里能浮现他们的身影和笑脸。看到他们以这种方式留言，我分明感受到了来自心中的难以自抑的幸福和快乐。

在火车上，我发了条微信朋友圈："要赶火车，便提前一会儿到食堂吃饭，路过洁行楼便不由自主地走到高三。当然不会见到高三学生。在 2 班窗户玻璃上看到这些留言，不禁泪目。"这条朋友圈被 200 多个朋友点赞，还收获 100 多条留言。"善教者继其志。""这是同学们发自肺腑之言！""遇见的，最有情怀的校长。""姚校长的付出，教会学生感恩。""感动得不是一点点。""所有的付出都是值得的。""这是多少个日子心与心的陪伴后的语言。""这才是成功的教育！""最纯洁的爱。""爱和感激最不容易作假，是您人格魅力的真实写照。我替您高兴，孩子们感受得到……""了不起的校长，能让 00 后感动的人！""你的一生是幸福的，因为你把校长做到了极致！"……而更多的是"感动""感人"的简洁留言。显然，不仅我感受到了幸福，我的朋友圈也充满了幸福的气氛。

其实，午后同事们在做离校例行检查工作时就在群里不时分享令人感动的小故事。譬如有学生留下了这样的纸条："老师，卫生间地板、墙壁、洗手台全都用力认真洗了三遍，保证剩下的污垢都是洗不掉的。""老师，我们宿舍厕所由于之前修补过瓷砖的原因，导致它看起来比较脏。我们宿舍每星期都会对厕所进行大清洁，但有些地方真的刷不干净，我们真的真的尽力了。希望老师能够谅解。非常感谢！"还有学生在班级中控讲台上给学弟学妹留言介绍该设备的特点和使用技巧，有的给即将进班学习的学弟学妹留言鼓励，等等。感受幸福比获得成功更难，但幸福有时来得也很容易。一个温暖的表情，一句温暖的话，都会给人带来幸福。

　　春节前，2018届毕业生集中返校那天上午，黄晓雯同学到校后，在图书广场拍了几秒钟的视频发给我："亲爱的姚爸爸，晓雯现在已经到了附中。"我第一次被人称为"姚爸爸"，有些不好意思，但一股幸福感充溢于全身。有一年5月12日，母亲节，上午，我收到了附中首届毕业生胡曾琦发来的微信："校长，在我心中附中一直是个大家庭，而您就是这个大家庭里面的母亲，关心照顾着'家里'的每一分子，无论是老师还是学生。从您的博客到现在的朋友圈，我看到了您从老师生病考虑到'单身'问题，建设游泳池时从发现问题到据理力争，从学生用餐问题到校园暴力问题……点点滴滴，看到了既刚毅又柔情的您，为附中倾尽全部的您，是我们所有附中学子最亲爱的母亲。来到附中，遇到您，真的很幸运。祝您和夫人母亲节快乐！祝附中越来越好！"网络上我被称为"暖叔"，我至今也搞不清这个称呼的来源。我经常问自己，一个老师，被学生称为"爸爸""母亲""暖叔"，难道不是最幸福的事？我觉得是幸福的。

我是你们的朋友

早晨巡堂时，叶子（化名）同学转交叶蓉（化名）同学给我的一封信。信的内容是表达对附中、对老师的爱以及对我的感谢，落款时间是12月31日。叶蓉同学是附中初中2019届4班的学生，高中就读于兄弟学校。叶子同学和她并非同学，但因为两家很近，所以很熟悉，知道叶蓉总是很怀念附中，思念至深以致经常情绪很低落。昨天是学业水平考试，叶蓉回附中考试，中午在食堂叶子陪她过来和我打招呼，我们聊了一会儿。我也邀请她常回附中，告诉她可以随时来找我。下午考试结束前我先离开考场回办公室，她没能当面告别，所以让叶子转交了这封信。

之前的12月29日中午，我收到一条短信："校长好！我是高二（3）班的叶子。您在休息吗？我有件事想拜托您，方便接个电话吗？"我立即将电话拨过去了解情况，她向我反映了叶蓉的现状以及曾因为抑郁而就诊的情况，希望我能帮助叶蓉，给叶蓉写点什么。我说这是个很专业的问题，校长不一定有能力帮。况且电话里说不清，下午课前我去找她面谈。下午预备铃前我就到了他们班，找她仔细了解了一下情况，我也感到一筹莫展，加之叶蓉现在不是附中学生，到底鞭长莫及。我说我也不知道写点什么好，还是先送本我的书给她吧。叶子有些大喜过望的样子。我对叶子说，晚自习我会送书过来让她转交。晚自习时，我将两本书送给叶子，一本让她转交给叶蓉，一本是给她的。我说，因为你会关心人，所以我也送本书给你表达我对你的赞赏。在给叶蓉的书中我题写了"做幸福的平凡

人",给叶子的书里题写了"学校因学生而存在,附中因你们而美丽"。叶蓉31日晚收到书后就给我写了这封信。信的全文如下:

亲爱的姚校长:

您好!

我是2019届原初三(4)班的叶蓉。其实落笔的时候很沉重,我不确定我该写些什么,但我有好多好多话想说。想了好一会儿,还是希望当您打开这封信的那一刻,它能带去我的所有绵长的思念以及祝福。您过得还好吗?附上一则小贴士:最近气温骤降,您要注意保暖哦!

今晚接过您给的封面是"厦门大学附属实验中学"的信封时,我的内心真的可以用雀跃来形容了。打开一看,是写着"叶蓉同学,做幸福的平凡人"的您的书,那一刻,我再也控制不住自己的眼泪。我到现在都无法描述那是一种什么感觉,只是感觉很熟悉,像家一样。

上周六我回去附中了,应该说成"回到"而不是"回去"。回原班主任那里拿了份最新的《观澜》就又匆匆回学校了。高中生活给我最大的感受就是"忙忙忙"!每天都在拼命挤时间学习。我是明年要参加艺考的音乐生,所以对我来说我每天的任务不只是文化课的学习,还有唱不完的谱子练不完的琴。我又感觉我的压力更大了。有一段时间我的状态很不好,学习也不在线,应该属于低谷期吧。我很害怕突然闲下来,所以那段时间我一下子想了很多事情,其中包括我对附中的感情。附中的老师、食堂阿姨,我没想到我们可以如此亲近。在附中的三年里,我可以很久不回家,因为附中真的太温暖了,像家一样。不在附中真是我最大的遗憾了。一声"附中人",一生附中人,我想我应该会在另一个地方携着附中带给我的所有熠熠生辉。这应该也是您希望看到的。今天的我更像一位倾诉者,而您是倾听者。这一刻,我们可以抛开师生关系,我想让您听到我最深的声音,我想说,我爱您,也爱附中,爱附中所有的一切。

我爱这个家!

祝您身体健康、工作顺利!

叶蓉

12月31日

幸福是一种很独立的情绪，与财富多少、成功与否都没有直接关系。奇怪的是，随着人们生活的日益改善，觉得不幸福的人却越来越多。这种看法并非今天才有，100年前，罗素在他的《幸福之路》这本小书中就有阐述。今天，当我们深入学生的内心，会发现当下的教育要远比我们想象的严峻和复杂。绝大多数学生都有或多或少或大或小的心理问题，而这些问题并未引起足够的重视。那些心理上倍受煎熬的孩子很少是被治愈的而多半是自愈的，我们至少需要同情、宽容和等待。我之所以连陌生电话都接听，就是担心是学生或家长打来的。他们给我打电话是下了很大决心的，他们打电话给我就是视我为朋友，我必须尽全力帮助。我虽因此不时被人差来差去，但内心总是充满温暖的。

上周日晚上10点多收到一个昵称为"秋语"的加我微信，留言是："姚校长，您好！我是雨轩的妈妈。"犯难之余颇有些自责，"我是雨轩的妈妈"一句话是多么的亲近，可是我不知道是哪个"雨轩"，也不知道"雨轩的妈妈"。我认识初三的雨萱，也认识高二的宇轩，但就是不认识雨轩。因为比较忙，没有多少时间刷微信，所以我极少主动加别人微信，也一概不添加不熟悉的人的微信。如果确认"雨轩的妈妈"不是熟人也无工作交集我是不会添加其微信的（但如果她再次邀请我一般也会同意的）。虽然每次考试后全校3000名学生的成绩我都要看一遍，但我不敢断定能熟记其中每一个名字。因为当时家里没办法查询，只好翻看教务处副主任陈永民老师给我的QQ历史记录，因为每次考试成绩都是他通过QQ发给我的。但QQ里的文件已过期，打不开。于是我又在学校干部群里发了条信息："有谁认识雨轩的？"过了一会儿，永民老师说："高一（7）班有位林雨轩。"我凭直觉认定此雨轩非彼"雨轩"，于是又问："还有没有另外的雨轩？"永民老师回："查了一下，只有这一位。"我觉得其中必有蹊跷。于是查询微信留言和短信，终于找到了另外一个"雨轩"。两年前，有位叫雨轩的小朋友参加"六年一贯制"面试，她妈妈给我发过短信，我也回了短信，后来雨轩因故没到附中就读，我们此前未谋面此后也未再联系。我想应该是这个雨轩。我将这个情况告诉永民老师，过一会儿他回我："当年报名的有余雨轩、李雨轩、韩雨轩。"实在有意思。此时已是晚上 11 点。

  第二天出差的火车上，我将这件事编了几句话，午饭后发到了朋友圈。下午两点多，高一（7）班林雨轩的妈妈加我微信，因为来路清楚，我就立即加了，彼此寒暄了几句，我答应抽时间找雨轩聊聊。昨天晚自习，我巡堂路过高一（7）班时将雨轩喊出来聊了一会儿。她已经知道了上面的故事。网络世界实在太奇妙，你在看世界，世界也在看你。

  胡适时代，"我的朋友胡适之"成为了无数人的口头禅。胡适交友很广泛，大到总统，小到卖豆浆的。胡适用心地对每一个出现在自己生活中的人，他会在给每个朋友回信的结尾写道"你的朋友胡适之"，给人以温暖。据说，我也是很多人的朋友，我经常会接到远方的朋友的电话，两句话后就是"有人要和你说话"，那另外说话的人上来就考我："你猜我是谁？"我有时能猜中有时猜不中。其实，这两位都是我的朋友，可能只见过一面，也可能从未谋面。他们聊到我了。

  学生是不惮找我的，在校生亦如是，所以我经常接到学生电话，收到他们的短信、信件，或者干脆直接来找我。今天中午突然想起来昨天办公室主任陈老师从校长信箱拿来的高二（9）班谢以宁同学的信，下午上课前赶忙跑到她的班级找到她，就校园流浪猫问题进行了简短探讨。看得出来她很开心。找她聊过以后我也很开心。写到这里，我想起了 2019 届的张泓昊同学给我写信的事。12 月 16 日，他给我留言："老师，附中什么时候放寒假呀？我在写信，打算找个时间送给您。"我说："好呀。放假要到 2 月 1 日。还早着呢。"他说："最近实在是忙坏了。本来上个月就写了，但是拖到现在都还没写完。"这样的一封信，写了一两个月，还要当面递交，我怎么会不视为珍宝呢！在网络通信高度发达的现在，我还能经常收到书信，实在是件幸福的事。

不要考第一名

再过 20 分钟，考试正式开始。叶晗（化名）同学的父亲用微信连给我发了三段语音留言，我知道肯定是叶晗出了什么状况。我还没来得及听完语音留言，他父亲的电话就打过来了。果如我所料，叶晗不愿意参加考试，我说那就别考了吧。我宽慰他父亲说："一起想办法。有需要我做的尽管说。专业的问题还是要找专业人员来帮着解决。也不要太着急，总有办法。"他父亲说："接下来要请心理医生干预了。可能他自己都没有办法控制。他平时挺喜欢学习，就是怕考试这关过不了。"他母亲曾告诉我，叶晗小学期间考试不仅一直是第一，而且永远是双百。用他母亲的话说"简直是神奇"。看到他母亲自豪的神情，我在心底发出一个声音：果然不出所料。

这是一个令人不可思议的长故事，但我不想叙说。

著名数学家陈省身曾给中国科技大学少年班题词："不要考 100 分！"我想进一步说：不要考第一名！中国科技大学前任校长、中国科学院院士朱清时理解陈先生"不要考 100 分"的含义是，少年班的学生做学问，掌握精髓要义，不要为了考 100 分在细枝末节上浪费时间。我说"不考第一名"也是这个意思。

朱清时的老家在四川彭州，他小时候，当地农民种地都不施化肥，单产四五百斤；后来实施科学种田用上化肥，单产提高到五六百斤。但是，数年之后产量就止步不前，一些地块还因施肥过度造成土壤板结，不能再种水稻了。朱清时由此得出一个结论：施肥要有度，学习也要有度。过度用功与过度施肥一样，成绩再难提高，或者成为"高分低能"的平庸之才。

1963年朱清时考入中科大时，总分数只有460多分。其中，最高分是数学，考了93分，物理79分。而现在高考的普通"一本"线都比这个分数高，这让他很感慨。他说，那时的高考，没有过度"施肥"，上完新课，只复习了一个月就高考了。那时的学生，实践能力和应变能力却很强。因为除了书本知识外，他们还积累了很多其他方面的知识。

花太多的精力追求满分、追求第一，甚至将满分、第一视作唯一目的，必然要进行大量的机械训练，于知识增长和能力提高并无直接帮助。然而这种情况愈演愈烈。现在北大、清华在某些省份的理科录取线已经超过710分，得分率高达95%，这就需要通过反复刷题来提高熟练度和精准度。为什么一些学习成绩顶尖的学生在考场上错一题就立刻崩溃，原因正是容不得有一点错，错一点就考不了这个分。一科压轴题没做出来就意味着与北大、清华无缘。总分750分考710分非常难，需要特别地训练，但考710分的学生的综合素养甚至就是某个学科的素养也未必高于考650分的学生，情商和创造力更难说。中国最好的大学招收了一批高分却并不一定都是最优秀的学生当然出不了太多的杰出人才。

一个孩子是不是有出息，不能只看他小时候的学习成绩。爱因斯坦小时候学习成绩不好，满脑子是"不切实际的幻想"，他说过："当一个人忘掉了他在学校接受的每一样东西，剩下来的才是教育"。对于教育而言，最该挖掘的应是"人"的发展最需要的东西：良好的情感观、高尚的道德品质、优秀的心理承受能力、达观健康的生活态度和孜孜不倦的学习热情。与其追求100分，不如让孩子多提出一些好问题。孩子脑中一个经过深思熟虑的好问题，要好过掌握100分的知识。提问的过程也是独立思考孜孜以求的过程。

疯狂的应试教育和极端的功利主义使中国教育沉疴依旧积重难返，"分分分,学生的命根",将每一分都视作命根子,学习哪里还有快乐?诚如叶晗同学所言,考试令其畏惧以至享受不到学习和思考的快乐,他当然会逃避考试。如果价值观极端扭曲,同学都是对手甚至"敌人",课堂就成了战场,校园就成了地狱,教育就不可能给人带来快乐和幸福。这种竞争本来没有那么直接、白刃化,但在"提高一分干掉千人"的价值观之下,同学间也会出现你死我活的残酷斗争。我自己带的优秀学生里就不乏有这种口头禅的:"谁谁谁要是超过了我我都能气死。"就像叶晗同学,他不能接受别人超过自己,他只能做第一,也只有他才能做第一。

我们经常听到一些"斗士"说"要么不做,要做就做最好"或者"要么不做,要做就做第一"的话,我很是不以为然。努力做最好的自己就已经非常了不起,"做第一"很多时候并不完全取决于自己。你能左右自己但无法左右别人,而当你想左右别人的时候你的价值观就出了问题。实际上,很多时候我们连自己也左右不了,而能够左右我们的因素却很多,何必与自己过不去呢?我极端厌恶"第一非我莫属"的想法,所以,我向上级汇报的时候常常说,厦大附中对升学率的追逐是有止境的。我和同事们说,我们只能做第一,那谁该做第二?这种心态有问题。我们不要让不可控的唯一结果充斥自己的内心,我们要享受奋斗的过程。只有放下包袱才能快乐地走向远方。

生存竞争是人类甚至是所有生物体的"宿命",与资源的匮乏或充足与否没有本质上的关系。然而,人类是智慧生物,应当有能力制止恶性竞争。罗素说:"过于重视竞争的成功,把它当作幸福的主源:这就种下了烦恼之根。"罗素还说:"'把成功作为人生的目标'这观念在你心中存在多久,悲惨的情形也存在多久。"人类命运是个共同体,不从根本上解决"共同生存"的问题,最终将一亡俱亡。要彻底解决人类社会中无所不在的无谓的、不正当的、恶性的竞争,一方面寄希望于精英人士的顶层设计,另一方面更现实的途径是每个人的自我解放。"不做第一"就某种程度而言就是退出竞争,退一步海阔天空,"囚徒困境"也许因此得解。《道德经》曰:"上善若水。水善利万物而不争,处众人之所恶,故几于道。居善地,心善渊,与善仁,言善信,政善治,事善能,动善时。夫惟不争,故无尤。"当我们准备做一个幸福的平凡人的时候,也许我们就能够成为一个真正幸福的人。

我对同学们说,不是所有的优秀者都可爱,而我更喜欢可爱的人。

专业成长也是慢慢来的事

专业成长对于专业人员来说是无法回避的问题。其实，对于所有行业来说，只要其工作具备一点专业含量就存在专业精进的问题，前进的步伐是一辈子不能停息的。为了推动专业成长，许多专业领域甚至连快递业都设置了职称，由低到高逐层晋级。于是，很多时候，所谓的专业成长就成了专业职务也就是职称的晋升。其实，专业成长的范围要宽泛得多。不评职称也存在专业成长问题，晋升到最高职称后仍然还有专业成长问题。

上午，我们举行了本年度职称评聘述职推评工作。我因为有事，评委会主任一职委托副校长代理，另外十位评委（其中学校干部四位）由我临时抽签早晨才通知的。评分由量化考核分和述职测评分两部分组成。量化考核部分由任教年限、学历、教龄、班主任工作年限、工作量、初中任教经历、近三年年度考核分等七个部分按一定权重组成，满分70分。述职测评按德、能、勤、绩四部分组成并由评委打分，这个是结合平时印象和个人述职给定的印象分。这个方案是经过反复酝酿最终由教代会讨论通过的。我们当下的矛盾主要集中在一级教师上。今年只有九个职数，而符合基本条件的人比较多，最终申报的也有18人，意味着申报的人也只有一半能晋升。据说，述职测评前就有老师抹眼泪了，因为自己的量化分比较靠后。个别老师已经工作了十年，因各种原因拖到现在还没有把握晋升，自然有压力。结果出来后，办公室主任对我说落选的老师有些情绪，看看校长要不要找他们谈谈或者给他们写点什么，一时间我也是一筹莫展。低

0.09分落选，我怎么说服他呢？作为校长，经常遇到这样尴尬的事，你投赞成票的人落选了，然后还要找一大堆理由来说服他，其实连自己都说服不了。

仔细分析这18位同事的基本情况，我觉得每一位上都应该。量化部分涉及面很广，特别是加入了年度考核分，涉及的面就更广，基本上方方面面都考虑到了。最终结果基本维持了量化考核结果，只有一位老师发生了变化。就量化分而言，差距较多的有这么几种情况：工作年限最高的10分，最低的4分。落选的九人中有五人4分，说明年资较浅。班主任最高的10分，最低的4分。最低分的刚满足要求，说明班主任工作方面还有欠缺。初中任教经历最高的6分，最低的0分。设置该项是为了加强初中教学管理，起导向作用，因为大家不太愿意到初中任教。学历、教龄、工作量分差不大，一是实际差别小，二是分值小。年度考核分的杀伤力也很强，它占量化考核分的60%。三年原始分平均分最高的82分，最低的53分，换算成60%，分差仍有17分之差。高低两者几乎可以一锤定音。而年度考核分较低的主要原因是在近三年里请了产假，请了半年假很多分就没了。如果入职三年生俩孩子，年度考核分就高不了。从这个角度而言，专业成长确实存在规划问题。你要想清楚自己要什么，孩子和职称两者很难兼得。这个问题前几年并不突出，实施"二孩"政策后矛盾日显，是到了修改方案的时候了。譬如，如果有一年请产假，就将年度考核分向前顺推一年，如果跨两个学年度就选择分高的一年。但这需要在教代会上酝酿通过。

据我了解，符合一级教师基本任职条件的人远不止这18人，很多人是知难而退了。也就是说，如果职数足够，能够晋升的不止9人，也不止18人，还要多很多。根据规定，我校高级教师占比35%计84个职数，一级教师占比42%计100个职数。因为教师队伍相对年轻，高级教师尚余22个职数，但一级教师职数严重不足。所以，一级教师晋升竞争激烈。出现了本科毕业从教十年、硕士研究生毕业从教八年的老师仍无法晋升的情况。我对人事部门的这个政策的科学性有不同意见，我觉得应当设置为高级教师占比35%、中高级教师累计占比77%，高级教师聘任不足的可以增加一级教师的比例。不知道这个政策是哪个"秀才"在幕后制定的，居然无法撼动。如果出于"控制""省钱"自然可以理解，但如果从促进专业人员的专业成长角度来看，无疑是僵化的不科学的。事实上，绝大多数老牌名校，高级职称的职数都超过50%，这是可以通过区域统筹达成的。

职称不会唾手可得，你得争取。可以仿照"应试"造一个词"应评"，如果认为职称比命还重要，一门心思晋升职称，绝大多数人都可以心想事成的，办法就是他要什么条件你就准备什么条件。难吗？其实不难，你就对准条件一项一项攻。若能唯此为大甚至不惜挖空心思、不择手段，目标一定能达到。不难吗？也不容易。一是存在一定的客观难度，二是竞争无处不在。评聘细则要了然于胸，自搞一套徒劳无功。你有深厚学养、盖世功勋，对不上仍然没用。所以，我觉得首先按照要求踏踏实实地做，满足基本要求，不要有缺项，然后再精益求精。有条件就争取早上，没条件就等等再说。待遇上有点差别但也没到天壤之别。有的前面快点，有的后面快点，最后还是彼此彼此。最高等级的职称或荣誉总归是少数，绝大多数人拿不到，能力、努力、业绩、机遇等都可能是原因，但最终还是由自己主观权衡。一辈子就想要那个，坚持不懈，也可能就得到了。想开了，放自己一马，佛系一点，也未必是坏事。

1987年中小学教师开评职称时我从教才三年，只能评为二级教师。1989年从教五年，但当年因为没有职数停评了一年。1990年再申报，志在必得，结果落选。1991年只有一个名额，我估计应该是大我七八岁的新任教务处副主任上，所以知难而退，没有申报，结果上的是没怎么上过讲台的总务主任。1992年再次申报，毫无悬念地通过。因为又有了三年的积累，我自认为每个方面的条件都很过硬，所以我的述职报告全是客观陈述，没有一处煽情。风格迥异，紧扣评估细则，简短而实在，现场冲击力很强。1996年，学校和上级人事部门想让我破格晋升高级教师，最终我还是放弃了。一是我想顺其自然，没必要早一年；二是对照条件自觉很勉强，因为破格的条件是按铁路系统工程系列设计的，不容易对上。1997

年，一级教师任职刚满五年，我顺利晋升高级教师。2005年年底顺利通过特级教师考评。2006年4月被省政府授予"特级教师"称号时我还不满43岁。2007年筹建厦大附中后，我决定不再参加任何评比和晋升。

2016年正高级开评，陆续有熟人、同事晋升，我也有过一丝犹豫，但权衡再三还是坚持2007年的想法。目前的厦大附中更需要一位潜心于学校管理的校长，暂时并不紧缺一位站讲台的正高级语文教师。我的精力有限，做一个称职的校长已有些左支右绌，哪里还能站在讲台误人子弟！想清楚自己的责任和使命，要进取也要学会放弃，得失要辩证地看。名和利似乎也重要，但到底还是命更重要。

有一种幸福叫作"帮助"

国庆假期后的一个周六,办公室主任艺伟老师对我说,开发区医院体检科的小徐来电话说,许老师的肺部有点问题。他们已让许老师到厦门第一医院复查,医生说肺部有个占位性病变,不能确定到底是个什么问题,需要住院检查。我当即要给开发区医院检验科主任打电话询问,艺伟老师说魏主任未必知道,等有进一步的情况再说。我让她注意跟踪这个事。隔一天傍晚,我在去操场跑步的路上遇到许老师,我就主动上前询问,她说正好也想找我一下,我们就站在篮球场边上聊了一会儿。

医生的意思要做纤维支气管镜检查及活检,需要住院一周。她不想住这么长时间的医院,问我能否帮忙想想办法。我说我来想办法,但还是要遵医嘱,如果需要那就安心住院。聊到病情,我问她一些情况,她看上去没有什么异样。她自己说,上半年疫情期间,有一天在家里一边收拾东西一边吃东西,为个什么事笑岔气了,有个东西吸进了气管,一段时间一直有感觉,后来就没什么感觉了。她自觉没有什么,但医生只相信自己的眼睛,只相信仪器,所以要做纤维支气管镜检查及活检才放心。我也建议她做,没有问题岂不是解了一个心病。我问她打算什么时候做,她说不想耽误课,准备到运动会的时候。我说运动会还有一个多月,不要拖。她问那什么时候去,我说如果医院可以的话明天就去。她又吞吞吐吐地说学校不知道能否借一点钱给她,她说刚刚将所有的钱都拿去给孩子买房子了。这让我有点吃惊,转而一想,我们这些人看起来收入不低负担不重,但实际上每家都有本难念的经，某个时候捉襟见肘也是常有的事。我说："公款不能借，但没关系，钱的事您不用担心，我给您。"她说："那倒不用，手边还有些钱，医保卡里还有些。"我说："我借给您的，您什么时候有什么时候还。"我听得出来，她主要暂时不想让分居外地的先生知道这件事，她想自己扛。她还说，如果真的是什么不好的病，到时她会有自己的处理方式。这个我也能理解。

过了一会儿，她将病历和放射科诊断报告拍照发给了我，我也同时和解放军909医院的李政委联系好了。李政委说和医生了解一下，晚上给我回话。过了一会儿，李政委回话，病房安排好了，第二天上午随时可去入住，尽量缩短检查流程，争取第三天出院，正式检测结果出来需要过几天。我立即给许老师打电话，让她准备第二天去住院，她说能否上完两节课再去，我说课就不要上了，课的事我来安排，我让艺伟老师陪她去。我随后给艺伟老师打电话，想让她陪同去，电话没打通，我又给工会主席潘老师打电话，让她陪着一起去。潘老师有课，我让她调一下，又让总务处副主任朱老师开车送他们。然后又打电话给教务处钟主任，让他安排人先带两天课。晚上9点10分，我给许老师发信息："许老师好！我和潘老师、朱老师都讲好了。也让艺伟主任跟踪。课让钟主任安排。您有空的时候在智慧校园上填写个病假条即可。这是检查，算不上手术，要不了多少钱，我回头让潘老师带一万元现金过去，好吗？不要见外！"她回："不用带，我有钱，需要再给您说。医保卡里的钱可以用的，我这个月工资也有的，不要让潘老师带钱啦！"我回："有事您说，一定不要客气！"她回："谢谢！"

过了一会儿，我还是给潘老师发了条信息："许老师因为给孩子买房子，手边可能也缺钱，还不愿意让她先生知道住院检查的事。今天说不知要花多少钱，问我能否在学校借点钱，我说现在公款没办法借，我说我拿给她，她不要。明天您注意观察，万一她有难处，您就问要不要从工会借点给她，她若愿意，然后我转您给她。这个事您知道即可，买房、开口借学校钱的事都别说。"工会的钱也是公款，也是不可以借给私人的，我想她不一定清楚，想让潘老师帮着转个手。

第二天上午，潘老师、朱老师送许老师到医院，办好住院手续后做了一些常规检查，进一步的检查要到下午。所需费用不多，而且都可以从医保卡中支付，借钱的事潘老师也没再提。我让朱老师先回来，潘老师再陪一下，女老师之间方便些。下午4点5分，潘老师给我留言："许老师正在纤支室检查，我在门口听到医生说'从检查看都正常'。"我回："没事就放心！您回来打个车，注意安全！"5点32分，许老师给我留言："姚校长好！检查医生说肺部没什么，很健康。我自己现在也没有不适，很正常的，您放心！谢谢！"我回："那就好！"随后潘老师离开医院，回到学校已是傍晚7点15分。

第三天上午，在确定可以出院后，许老师就办了出院手续。11点33分她给我留言："姚校长好！出院手续办妥了，下周五来拿检测结果，车也叫好啦，放心，谢谢您！"前后她只请了一天半的假。此时，我总算松了口气。晚上我留言致谢李政委，他说中午在食堂吃饭时碰到医生说没什么问题。最终结果显示确实是虚惊一场，直到这时，我才算是彻底松了口气。

学校没有能力解决所有教师个人的每个困难，校长个人更没有这个能力，但我不希望教师个人的困难被学校和校长漠视。什么叫温暖？锦上添花也许是，而更多的应该是雪中送炭。面临困难时一个关心的眼神就能传递温暖。我觉得，被别人帮助是一种幸福，帮助别人也许是更大的幸福。这是我做人最重要的心得。

附中因何而美丽

今天，每位参访附中的朋友都会赞叹附中的美丽。我是个不善骄傲的人，但也会经常发自内心骄傲地自语："真美！"

作为创校校长和附中的第一位教师，我见证了校园内每一丛小草的荣枯和每一棵小树的生长；见证了至今十届初中生、九届高中生在这里学习、生活直到毕业；见证了在这里工作的青年教师进入职场，成家立业，他们在这里出生的孩子、我们称之为"附二代"的已达135人；见证了附中学子毕业、工作，步入婚姻殿堂，当上了爸爸妈妈。这就是生长的伟大力量，这就是生命的瑰丽奇观。我几乎每天在这美丽的校园里漫步两万步，我经常情不自禁地感慨："附中真美！"我也经常追问："附中因何而美丽？"

暑假前的7月11日傍晚，我在校园里散步。夕阳中，我从乐山路转到朝闻大道时，突然有一种置身于森林里的感觉。朝夕相处，木石亦有情，走到哪里我都觉得它们在等我。漫步校园，极目望去，心旷神怡。我给贾嵘彬老师留言："看看能否拍一个短视频——《厦大附中：面朝大海的森林校园》。今年年成不好，灾害多。本地开春以来雨水少，我担心后面八九月份会有灾难性台风，会给校园树木带来损害。乔木一旦倒伏，扶起来就得截'枝'，那就会一段时间恢复不起来。"嵘彬老师立即行动，昼夜创作。7月24日晚，《厦大附中：面朝大海的森林校园》发布在B站。观之令人热血沸腾。

风灾不幸被我言中。8月11日上午台风米克拉来袭，校园乔木折断、倒伏282棵，树枝折断无数。校园一片狼藉，面目全非。午后，老师们自发到校，用了近三个小时清理，总算将所有道路清理出来。尽快清障的目的是不让在校的高三同学生活在废墟中。在知行楼、景行楼下，我对在场的老师们说，我们先扶起一棵树，象征我们开始重建家园。那一刻，我使劲遏制住了自己的眼泪。13年来，我几乎踏遍校园每一寸土地，见证了荒山变校园，见证了昼夜海风呼啸变为四季欢声笑语，见证了校园内所有树木的成长。那一刻，面对满目废墟，我问自己：附中因何而美丽？我告诉自己：不是蓝天白云青山绿水飞瀑流岚，不是红瓦粉墙碧树绿草以及玄幻诗意的天际轮廓线，不是赤橙黄绿青蓝紫，不是鸟语花香，甚至不是琴声悠扬舞姿婆娑……那是什么？是老师们衣服湿透的背影，是老师们平静、自信、坚毅的面庞与温和的笑容，是老师们爱校如家的大爱情怀。

那天晚饭后，我站在图书广场边，看着高三的同学们陆续走向教学楼，我问自己：附中因何而美丽？我告诉自己：是纯白少年背着书包、拿着书本、脚步匆匆、并肩笑谈的样子。在回到办公室的路上，看着完好的亦乐园和翻修的田径场，我问自己：附中因何而美丽？我告诉自己：不是亘古不变的山峦，也不是红黄绿白交相辉映的绿茵场，而是勃发的生命和成长的力量。晚自习我到洁行楼，转过礼堂就能看到夜幕下水晶一般的洁行楼和敏行楼，远远就能听到播放英语听力的声音。走过每一间教室，看着十一年如一日的晚读的画面，我问自己：附中因何而美丽？我告诉自己：绝不是"只要学不死就往死里学"的粗鲁野蛮，而是你专注读书的样子。这样子是附中最美的画面之一。午夜来临，当我在平安校园群里看到同学们挑灯夜战的图片时，我仍然问自己：附中因何而美丽？我告诉自己：不是"生时何必多睡，死后自然长眠"的惨无人道，也不是令人称羡的中、高考成绩，而是星光下师生对谈、灯光下深沉的思索和奋笔疾书。你们苦读的面庞是那样的甜美而富有内涵。我觉得我看到了天下最美的图画。

那夜，我一夜无眠，一直在自问自答"附中因何而美丽"。那夜，我的脑海里播放了一部长达13年的精彩电影。那里面有许许多多"马老师的背影";有一位同学流鼻血三位老师在陪护帮助的画面;有老师骑车带学生到医院就诊、帮学生代购物品的情景;有午间陪伴、晚间督修、周末辅导的画面;有女教师提前结束产假走进课堂的瞬间;有保洁阿姨背摔伤学生到教室、宿管老师帮助生病学生、食堂员工潜心服务的画面;有老师帮学生拭去泪水的慢镜头,也有老师和学生一同挥泪的蒙太奇;有老师神采飞扬抑或优雅深沉的讲课身影;有学生搀扶身怀六甲的老师的画面,也有老师跪地抚慰生病学生的场景;有校园里的小红帽,也有校门外的红马甲;有校园里无处不有的"校长好老师好"的曼妙的天籁之音;有那来自田径场、体育馆、艺术馆、游泳馆富有力量的身姿和穿透时空的声浪;有图书馆、校园书店、宿舍或校园某个角落、某棵凤凰树下恬静读书的画面;有母女牵手的闲适,也有父子游戏的旷达;有校友凌峰到机场接附中学弟赴清华的情景;有校友名镜、震邦等为学弟学妹编写《大学专业介绍》的画面;有从四面八方飞来的关于校友的捷报;有太多的家长关心附中的故事;还有市政部门为方便家长到校探访而在东门外修建的公共厕所……我无法一一罗列。一晚上我都在美中漫步。这一天也许是附中史上最不美的一天,可我仿佛一直徜徉在无尽的美景中。

第二天早晨6点20分我就到了学校,看到无法通行的附中路,看到被台风吹坏的南门,看到校道边成片倒伏的树木,看到早早到班的同事,看到从宿舍走向教室的高三同学,一个声音从我的心底涌起:没有任何力量可以毁灭附中的美!一切可以被损坏的美都只是附中的表象美,而附中最本质而永恒的美——人性美——老师爱学生、学生敬老师这种人间大美,是任何强大的台风也毁灭不了的。

我在2015届高中毕业典礼的致辞《人性美是创造幸福人生的动力》中说:"无论身处何种境地,幸福总是源自'人性美'。只有不断地发现和奉献人性美,才会有源源不断的幸福!幸福存在于和谐的关系中,在人与自然、人与社会、人与人的关系中。""一个永远只会索取的人不可能拥有'和谐的关系'。所以,在享受人性美的时候我们必须奉献人性美。奉献的方式方法有多样，但一个基本点是你必须对这个世界友善。"

  我常说，厦大附中的校长是不可以偷懒逍遥的，但他可以是幸福的；厦大附中的老师是不可能轻松的，但他们可以是快乐的；厦大附中的学生是不可能没有学习负担的，但他们的面容是常带着微笑的。努力培育一流的教育服务品质，用合适的教育办学生喜欢的学校，通过人道的应试教育努力让教育更加尊重生命，以奋斗成就幸福的平凡人，这些已成"附中人"的共识。我给很多同学题写过这句话："学校因学生而存在，附中因你们而美丽。"老师们同学们，附中因何而美丽？因为它是我们所有"附中人"的家。因为我们是带着感情生活在这个家里的，我们朝夕相处，共同沐浴在这片阳光中、耕耘在这片星光下、奔波在这片森林里、收获在这片土地上。那些倒下的树都已被我们扶起，而那些被砍削的树枝很快就会吐绿。我坚信，因为我们，因为所有的"附中人"，因为所有关心、帮助附中的人，附中的明天一定更美丽！

下编

生命之旅：希望你幸福快乐

灾难也是生活

1971年，我父亲被诊断为食道贲门癌，那一年他只有40岁，而母亲才30岁。并不富裕然而很快乐的童年生活突然陷入无休止的焦虑之中。那时我才八岁，不能真正明白癌症是怎么一回事，但能隐约知道父亲将不久于人世——我在恐惧中"等待"。大难来临，所有人都有幻想，都渴求无一例外之"例外"。我几乎天天祈祷父亲平安。父亲住进了省立医院肿瘤科，经过一段时间治疗，病情趋于稳定。主治医生一位姓杨一位姓林，两位医生正值年富力强之时，颇有建功立业之心。他们精心制订治疗方案，采取中西医结合的保守疗法，效果出乎意料。我印象中，两位医生德艺双馨。我父亲的毅力和努力配合打动了两位医生，医患间建立了朋友关系，在以后的十年里他们互通了很多信，除了礼节性的问候外，大多数内容是对治疗问题的探讨。他们当中的某一位曾驱车百余公里到我家看望我父亲，而我也曾去过杨医生家。他有一位很慈祥的老母亲，说一口我完全听不懂的话。父亲住院期间，为节省开支，杨医生让我母亲就住在他家，因为他家离医院很近。在看护父亲之余，母亲也会帮他家做些家务。

第一次住院回家后，父亲在两位医生指导下长期服用中药，不时还要到省立医院复查或者短期住院。至今，我仍有盼父回家的强烈印象。父亲很严厉，我很畏惧他，然而，当别人的孩子都在阵阵鞭炮声中迎接除夕的夜幕降临时，我们兄妹还在家门口张望，等着父亲回来过年。而突然看到父亲的身影，那是何等的欣喜。这样的期待不止一次。从那时起，家门口的小路上长年撒有煎过的中药材，来来回回的人就踩在上面。这是一种风俗，祈盼病魔早去。家里一年四季飘着中药味，父亲一日三餐饭前饭后总是服药，而那些药非常难吃，常人连闻一下都很不舒服。父亲不幸罹患癌症，但坚强的毅力为他赢得了 11 年的生命，正是因为有这 11 年，才有我们兄妹的今天。

  1981 年上半年开学我告别父亲时，父亲老泪纵横，这是我第一次见到他流泪。他可能意识到病情加重，这样的告别也许只有这一次了。那年暑假我在医院陪护他一个多月，亲眼目睹了癌症的淫威，父亲的病友一个一个离开了人世。1982 年春节，住院半年多的父亲生命垂危，年三十的下午亲戚用车子将他送回家，这是我们过的最后一个团圆年。此时他已滴水难进，食道与气管间已有瘘管，喝进去的水只能进气管不能进食道，痛苦不堪。天寒地冻，父亲躺在床上，被癌细胞肆虐得心如刀绞。我几乎每天晚上怀抱着一个火炉就那么整夜地看着他，不时给他喂点水滋润一下口腔，因为咽不下去，过后还要吐出来，我用一个口杯接着。为了减轻他的痛苦，我们又将他送到省立医院，医生在胃部开了个口子，将营养品通过管子送进胃里以维持生命。这次手术又使他延长了两个月的生命。1982 年 3 月 31 日，父亲离开了我们。那时，我上大二，弟弟上高中，大妹上初中，小妹上小学，母亲 41 岁，我还有一位 77 岁的祖母。如果没有这艰难的 11 年，我根本不可能上大学，今天的情形将会是另外一个样子。

  鲁迅先生在《呐喊·自序》里说："有谁从小康人家而坠入困顿的么，我以为在这路途中，大概可以看见世人的真面目。"童年，我过着无忧无虑的生活，不知道求人是什么滋味。父亲离世后，家境跌至谷底，母亲和我四处求人，我突然间"看见世人的真面目"。尽管尊严稍稍受到侵犯，但我仍感觉到世上还是好人多。如果没有亲朋好友街坊四邻的帮助，我们的日子肯定更艰难。即便有些人"变了脸"，我也能理解，我们不能以自我为中心。换位思考，即使你不愿意做他，但有助于理解他，这样的心境和经历对提高我解决问题的能力很有帮助。读大学的后两年里，我的生活非常艰苦，但母亲和弟妹们更苦。我有助学金，能填饱肚子，弟妹们在家里过着食不果腹的日子。我穿剩下的衣服弟弟穿，弟弟不能穿了母亲改一改，妹妹接着穿。每每回想小妹穿着我们穿剩下的打补丁的衣服伸出冻红的小手的情形，我至今心酸。那一年的暑假，我的学籍评语上，老师这样写道："该生为人秉正、诚实，坚持正义，勇于批评，学习较努力刻苦。尊敬师长，团结同学，遵守纪律。过于沉默，不够乐观。"专业课两门，当代文学85分，外国文学93分，下学期书籍讲义费10元。这份成绩报告单是寄给我父亲的，落款日期是1982年7月10日，此时父亲辞世已过百日。这张纸我至今珍藏。

　　我们都希望过幸福平安的生活，但"幸"与"不幸"只有一步之遥。幸福温暖的家庭不仅令人神往，也是容易让人陶醉的，"突遭变故"虽是我们不希望不愿意的，但往往又是我们无法抗拒的。温暖幸福的家庭其实很脆弱，破碎起来异常容易。但人又是无比坚强的，上天强加给我们灾难的同时又教给我们应对之策，心灵越强大，应对得就越好。回想那满脑子阴霾的岁月，我庆幸时间似流水。日子总要过，日子总会过去。好日子会过去，歹日子也会过去，没有过不去的火焰山。我时常会幻想我的某个亲朋好友遭遇到我那时的困难，那一刻我会在心里为他难过，似乎比那时的我还要难受。这真是一种奇怪的感觉。仔细想想，我的命运不算最糟糕的，虽我年不满19周岁而丧父，但父亲去世时小妹才10岁，"父亲"对于10岁的孩子和19岁的青年来说意义是很不一样的。更何况人世间命途多舛、时运不济有甚于我和小妹者不可胜数。地球不毁灭，生活就要继续，而你不能说灾难就不是生活。除非病态，否则每个人的脊梁都可以撑起自己的身体。所以，你要相信，你一直以为不得不倚之的顶梁柱一旦倒塌，你自己就是新的顶梁柱。只是人是有感情的，那一朝坍塌下来的情感可能一辈子都难以修复，即所谓"情何以堪"，这正是做人的难处。

奶奶教会我从"爱"中找到快乐

早晨洗漱时随机点了个视频看,看的是《我是演说家》中刘轩的演讲。刘轩说,他今天的演讲不讲父亲刘墉,要讲他的奶奶。演讲有十分钟左右。听到一半,我脑子里蹦出一个念头:有奶奶的日子并不长。其实,每个人都有奶奶,但不是每个人都和奶奶在一起生活过,甚至不是每个人都见过自己的奶奶。我有奶奶的日子是30年,一起生活的时间累计约20年;我儿子有奶奶的日子是26年,累计一起生活的时间可能不到2年……想到这里,我放下洗脸的毛巾,看着镜子里的自己愣了半天。

我奶奶生于1905年农历十月二十六日,属蛇,我出生时她58岁。我15岁上高中开始住校,此后和奶奶长住在一起的日子就很少。奶奶公历1994年元月去世,具体哪天我已记不清。去世前偶染小疾,没几天就过世了。基本可算无疾而终,享年90虚岁。我在外地工作,没能给她送终,但我儿子恰好被我小妹带回老家,算是代我给老太太送了终。奇怪的是,当时只有两岁八个月的儿子一直记得我抱着他在老太太坟头"兜土"的事。

我关于睡觉的最初记忆是发生在爷爷奶奶的床上。我很小的时候和爷爷奶奶睡一张床。我和奶奶睡一头,爷爷睡另一头。我小时候是被当作女孩儿养的,辫子扎到快上学的时候。我也不肯剪指甲,手指甲脚指甲都很长。我喜欢侧身蜷缩着睡觉,常常半夜突然翻身伸腿,每逢此时,爷爷都要长长地"哎哟"一声,因为他大腿上的肉被我的脚指甲狠狠地划了一道血痕。我睡觉前总要摸摸奶奶干瘪的乳房,也常在朦胧中掐奶奶的乳头,奶奶"哎哟"一下我便缩手，然后又睡去。家中那只比我资历老的老猫，总是在半夜我不知晓的时候钻进被窝依偎在我的臀边，我一翻身它往往也是"喵"的一声逃出被窝。我自小睡觉就动静大，至今如此。大约在弟弟也可以独睡时，我离开了爷爷奶奶的被窝，和弟弟睡一张床。

儿时我一直以为爷爷奶奶是可以陪我一生的，直到爷爷去世时我才深刻地认识到奶奶有一天也会去世的。那年奶奶71岁我13岁。爷爷去世后，晚年的奶奶有很长一段时间是大妹和她睡在一起的。在那之后，她的房间我就很少进去。我现在回故居一定要到奶奶的房间去看看，感觉没有印象中那么大。奶奶去世后，她的房间一直就空在那里。

我奶奶对我的宠爱是远近闻名的。在没有饭吃的年代，我从未饿过肚子，而且不缺少肉、蛋。我一直是吃着可口的新鲜蔬菜和水果长大的，因为我有一位勤劳的母亲和慈爱的奶奶。家里的鸡能生不少蛋，种的南瓜能有不少的瓜子，但来客人总是要买鸡蛋买瓜子，父亲总觉得奇怪，甚至有一次还发了火，但因为不太管家里的事，总是过后即忘。其实，家里的鸡蛋和瓜子大多数都是祖母悄悄做给我吃掉了（其实父亲、母亲心知肚明，不说而已）。我并非好吃，但禁不住奶奶的宠爱，她常常是"偷偷摸摸"地煮鸡蛋给我吃。我印象里，油炸锅巴是每天必吃的，饭后再拿一个饭团或一块很香的锅巴边走边吃是我的招牌动作，很让别人羡慕。我吃瓜子的水平比较高，完全是小时候练就的功底。直到我工作后，她还会积攒一些鸡蛋，"偷偷"找路过我家的乡亲帮着卖掉，得来的钱攒在那里，等我回家给我。我不要她便掉泪。我上大学离开家后，凡我用过的东西，奶奶是不允许别人乱动的。有一次，我一个姑表弟拿走了我儿时常吹的一个大海螺（非常奇怪的是只有我一个人能吹响），奶奶竟然亲自跋涉数里山路硬给拿回来了。他对我姑姑说，"跃林还要玩的"。这样的故事很多。随着年龄的增长，我越来越怀念奶奶。

因为是长孙，我在家里独享了更多的宠爱。在奶奶的眼中，我的地位是高出爷爷和父亲的。最好吃的，即使是招待客人的，她必定也要提前用小碗装一份放在锅边颈罐上保着温。从有记忆开始直到她去世，我在家吃的饭多半是她盛好的，特别是第一碗饭。因为我嗜读，吃饭不喊几遍是不上桌的，所以基本都是奶奶盛好饭后被她三催四请才上桌吃饭。因为是她盛饭，所以还会不时出现吃着吃着突然发现饭里还埋着块肉的情况，虽然我常有愠意，也只能看着奶奶紧盯我的眼神而意会。我读高中时寄宿，周日返校时会带一瓷缸咸菜。我带的咸菜是奶奶用大油炒的，非常好吃，但家里的咸菜往往少油。有一次，奶奶炒多了装不下，留下一小碗，大妹一吃便说："怎么大哥哥带的菜这么好吃！"其实奶奶是偏心的。在奶奶看来，家里分"我"和"其他人"两类，必须先考虑我，然后才是其他人，包括爷爷。奶奶总是怕我读书累。我在家的时候，她总是一会儿来看一次，要么让我歇歇，要么端茶送水送点心。我唯一有一次可以成为飞行员的机会，也因为她的不舍，在最后的时刻放弃。我上大学她要去看，我工作了她也要去看，但均因她年事高又路远交通不便而未能如愿。1988年我分了套新房，她高兴地问弟弟"上厕所远吗"，弟弟逗她说"不远，跟厨房隔壁"，她念叨了很久，"就是厕所和厨房太近"。

奶奶并非我的亲奶奶，他是父亲的舅妈，准确地说是我的舅奶奶。从遗传角度看，我和她之间并无血缘关系。然而人之为人正因为感情可以超越血缘关系。我只知道她的名字叫"姚王氏"，她一定有本名，然而我从未问过。我祖父叫"茂菁"，文乎乎的，生于1897年，属鸡。我印象里他是蓄长须、穿长袍、戴老花镜的，他总是喜欢和我开玩笑，但我有点怕他。我不知道今天有多少年轻人能说出祖父、祖母的姓名和年龄，可见生儿育女传宗接代是很不可靠的。儿时，我因为受到祖母的宠爱常常被人羡慕，有时也被人讥笑，所以对祖母的宠爱时有抵触。我在中学读书时，有一次因为天气炎热，祖母竟然亲自到学校给我送饭，招来了老师和全班同学的哄笑。刘轩说他奶奶是四寸金莲，我奶奶真的是三寸金莲，走那么多的路一定很辛苦。那次我哭了，奶奶自觉犯了错一样地也流了泪。但我自小是个乖孩子，我从未对奶奶大声说过话，虽然她的过分宠爱有时让我难堪，但我知道这是我的福分，不是每个人都有的，也不会是一辈子都有的。

大学二年级，父亲因病去世，我帮助母亲操持这个家，很快学会了包括做饭在内的各种家务活。直到工作以后，我仍然参加了很艰苦的体力劳动。奶奶和妈妈虽然很心疼，但她们没有阻拦我，因为我已经到了该承担责任的年龄。所以，我的体会是，做父母的，对孩子是否宠爱并不重要，关键要教育孩子明白事理。动辄体罚，也要让他明白事理；让他在自己头上"做窝"，还是要让他明白事理。只要能明白事理，就能应付从天堂堕入地狱的变故，而那些小挫折更能应付裕如。专门的挫折教育纯粹是扯淡，让孩子徒步三五里就能培养抗挫折的能力实在是肤浅的教育理念。我甚至认为完全达不到目的，最多是一次徒步体验而已。

祖辈对孙辈的爱有甚于父辈，但孙辈对祖辈的爱往往很缥缈，乃至于"没感觉"。有奶奶的日子并不长。脑子里萦绕过这句话，我的眼泪就流下来了。我感谢奶奶！她教会我如何从对一个人的"爱"中找到快乐，这是我今天最大的一笔财富。

故乡的色彩

　　幸得清明小长假,多少年来我第一次得以在清明节这天回乡祭祖,太太和儿子因此第一次有机会目睹清明时节故乡的色彩。当车过一个小山峦,故乡的帷幕仿佛突然间被打开,一霎间,界限分明的色块扑入眼帘,由近及远让人不能忘却的景象是:大片金黄的油菜花、花海尽处的白墙青瓦、青瓦上面的绿树红花、青山翠竹和纵横交错的瀑布溪流,再上面就是蓝天白云了。

　　我们先后祭奠了我的父亲、祖父、祖母,还有我祖父的高祖父母。祖父的高祖父母的坟墓离我家的老屋只有不到100米远,他们去世在道光八年(1828年),虽经历近200年的风雨侵蚀,碑文依然清晰。这位祖宗在承德及京城做了五品以上的官,居然叶落还归了根,仔细想来,他的选择是对的。我的这些祖宗们,长眠在青松翠柏中,一年中多数时候都有野生的鲜花陪伴,而清明时节他们就静卧在漫山的映山红中。那一山的红是那样的绚烂和热烈!

　　我的童年就生活在这样的花中,也许正是因为拥有得太容易,反而丧失了欣赏的浪漫,居然有些不以为然。倒是妻惊喜得不知所措,尽管这样的情景我曾经向她描述过,她也曾让我清明时节带她回乡踏青,但真是身临这样一个花海,她还是感到超乎想象。她随手采撷了一抱,我还怪她摘那么多干吗。然而回到家,放到两个花瓶里,满屋立时生辉,妻满面兴奋,颇有成就感,我顿时后悔没有多采些回来送人。那是城里人做梦都想不到的灿烂。我于是又想，漫山遍野的红杜鹃，为什么没有人送到城里去卖呢？我离开家已一周了，忽然惦记起了妻带回来的那些花，妻告诉我，花开依旧，儿子说还是野生的生命力强。我忽然为自己竟萌生劝人卖花的想法而自惭。把这么好的花与钱联系起来确实是一种亵渎！"钱"使我们与自然生分甚至对立，使我们活得不超脱。

　　城里人很可怜，与村夫野老比，活得更不像人。然而城里人更具破坏力，长在山上的花，他们要摘回家放在花瓶里；小溪中孤单的螃蟹，他们抓回去煮着吃；千万年安静地在那里生息轮回的野菜，他们如获至宝地端上了饭桌。70年代城里下放的知青身体力行地教会了当地人吃黄鳝、甲鱼甚至泥鳅，几年时间就使这些不知生存了多少年的生命归于绝迹。农民从来就知道这些东西能吃，而且有营养，然而他们不去杀生。他们认为，既然五谷尚可果腹，何必践踏无辜呢。长期生活在水泥森林里，我们终于知道自然的好，为了证明自己是一个"人"的存在，我们时常要讨好一下大自然，勒紧裤腰带好不容易省下两个钱，买一两枝人工栽培的花放在花瓶中，人是那样的小心翼翼，花是那样的无精打采，如何不叫人可怜？

　　我的童年是不缺花的。桃树有桃花，杏树有杏花，有似火的石榴花，有如雪的梨花、栀子花，有大片的紫云英，有金黄的油菜花，还有更多不知名的野花、菜花、山花。春雨过后，暗香袭来，寻香觅去，竟是城里人做梦都得不到的兰草；冬雪的早晨，伴随一缕阳光叫醒我的是梅香，那丛腊梅就开在我的窗外。花香袭我是曾经上演过无数次的真实故事。我至今有在忽然间闻到兰草香后醒来的记忆，那多半是父亲夜归时在路边采撷的花苔散发的奇香。兰香是我最喜欢的香味，那种喜欢是刻在记忆深处的，一直到现在，我买空气清新剂甚至是灭蚊剂都要选兰香的。据说兰草现在很贵，前两年我养过几株，倒是没有养死，花苔也长得很长，然而就是不开花。今年母亲要给我几株，我没有要，我不想让自己扫兴，更不想拖累高雅的兰草。前几年春节的时候，朋友总要送盆花给我，蝴蝶兰、大叶蕙兰、红杜鹃、白杜鹃等都养过，也没少费心，但都没有活到第二季，很让我郁闷。拔掉枯死的花一看，盆里的土名曰营养土，其实根本就不是土。没有土，根往哪里扎？不死才怪！小学四年级的时候，我到同学家玩，顺便向同学要了一株栀子花，回家随手种在屋后的花台上，半个月后仿佛死掉了，我就没有再注意，第二年春天，我无意间发现它不仅活了，而且还开了花，很让我惊奇。后来我读书寄宿，不常回家，一段时间里都不曾十分注意，直到大二那年父亲去世，恰逢栀子花开时节，我猛然发现，好大的一棵栀子花，花开千朵丝毫不是夸张。面对它我一时浮想联翩，瞬间体会到了万物生命力之强大。能栽这么一棵大树，我觉得自己长大了，是能够担当大任的了。

故乡的色彩正是我童年的色彩，五彩缤纷。现在想来，当时的物质生活是贫乏的，但我们并不缺少快乐。我清楚地记得，春夏之交，我们一群孩子躺在塘埂上，信手拔起身边的草根，轻易地撕去根的表皮，然后很悠闲地咀嚼那草根，其甜蜜的感觉绝不亚于今天的孩子吃巧克力。杜鹃花也是我们常吃的，我们喜欢把花瓣摘下来，放在手心里搓一搓再吃，有些酸甜，而将花蕊的根部放在嘴里一吸，非常甜。这是地道的天然食品，我们与蜜蜂同享上天赐予的大餐。由于父母的勤劳智慧，我儿时四季都有新鲜的瓜果吃，桃树、杏树、梨树、樱桃树、石榴树、枣子树，都在离老屋的二十米之内，多数都在五米之内。我吃的水果都是直接从树上摘的。其实别人也有条件种，然而他们几乎都没种。夏天中午上学，只要我愿意，就可以从菜园里摘下新鲜的黄瓜，用清凉的井水洗一洗，边走边吃，非常爽口。母亲的勤劳让我至今都感到不可思议。我的记忆里，早晨她总是点灯梳头挑好水打扫好卫生洗好毛巾天才亮。只有一次，天亮了，她还没有起床，我和她睡在一起，她可能有些不舒服，让我去喊奶奶，她们说了些什么话我当时并不清楚，后来我才知道，我的小妹妹那天出生了。那年我九岁，当时父亲在外开会。

童年，我舞过龙灯，登台演过戏，会打全套的黄梅戏锣鼓，夏天捉迷藏，冬天堆雪人，在野塘里没有遇到任何危险地学会了游泳，自制过二胡但没有继续学二胡，做过几乎所有的农活。一年看五到十部电影，一部电影通常看八到十遍，台词能从头背到尾，演职员表差不多能倒背如流。带着弟弟在外面玩到天黑还不回家，我母亲总要站在门口高声喊我三遍我才回家，全家人总是等着我们兄弟二人回家才开始吃饭，严厉的父亲也不曾有过异议。我用黄泥做过枪，自制过木枪，后来也有一支玩具手枪，10岁左右我摸到了真枪，那是一支"七九"步枪，子弹很大，我把枪管架在枣子树杈上，用肩膀抵住枪托，朝天放了一枪。我12岁能挑35公斤走10公里。13岁被人请去开导一位精神病患者。14岁那年三次充当红媒（代表我父亲，他是红媒，然而他不便出面）出席别人婚礼，脸上被闹洞房的人抹过锅底灰。15岁那年基本明白手扶拖拉机的工作原理并在平直的路上开了几百米。16岁准备参加高考，在离高考只有六个月我学完了所有高中课程的时候才开始分科，班主任让我报文科，我是班长，就考了文科。

　　童年的事几天几夜说不完，绝对不重样。坦率地讲，我真的想不起来高中以前是否在家里做过作业。而今天的孩子，将来能够让他们回忆起来的也许就只有做作业的事。他们童年的色彩是那样的单调。我们把孩子的所有活动置于我们的监督之下，取消了所有可能存在危险而也许危险永远不会出现的活动，貌似是为了孩子，其实是为了我们大人自己，这是在推卸我们的大责。

　　我无法忘却故乡，正是因为那里有我多彩的童年。故乡有多少种色彩，我的童年就有多少种色彩。

我思念故乡的雪

今天是农历腊月廿四,在我的故乡这一天是小年,祭灶。这一天如果天气晴好,绝大多数人家都要上坟。因为老人们的经验是,如果小年是晴天,除夕八成是阴天,应当趁着好天祭祖。我17岁离开家乡到外地求学,而后工作,回家祭祀往往不按常规,六月天有过,年初一有过,只要回家就要去祭祖,选日子不如撞日子,有机会就是好日子。这一年,我依然不能回去过年,一方面有对新学校放心不下的原因,另一方面真正能休息的时间并没有几天,来回甚是劳顿,想稍微地休整休整。今天,故乡的天气并不好,但总算没有下雨下雪,然而谁知道除夕是个什么天呢?祭祖终归是大事,弟弟驱车回家和小妹一家一起陪母亲回到山里各处祖坟一一祭扫。

我则守在这空荡荡的校园里。今天正式放假,同事们如同心脏进出去的血正急流在祖国母亲的血管里,向着各自的目标奔流,而学生则于前两日即已星散,此刻也许正浸润在父母的"爱河"里。2000名中学生和20000名大学生似出笼的鸟,都归了各处,少了唧唧喳喳,我因此仿佛听到了不远处海的喘息。天气格外的好,我照例要登亦乐园,站在高处环顾校园,颇有些落寞。忽然记起余光中在散文《塔》中写道:"一放暑假,一千八百个男孩和女孩,像一蓬金发妙鬟的蒲公英,一吹,就散了。于是这座黝青色的四层铁塔,完全属他一人所有。永远,它矗立在此,等待他每天一度的临幸,等待他攀登绝顶,阅读这不能算小的王国。日落时分,他立在塔顶,端端在寂天寞地的圆心。一时暮色匍匐,万籁在下,塔无语,王亦无语,唯钢铁的纪律贯透虚空。"读到此处,"于我心有戚戚焉"。校园虽无鼎沸的人声,但树的"潜滋暗长"你分明能感受到,而百花更是热闹地开放着,并不特别为了谁。忽然我的脑海中浮现皑皑白雪中的故乡,心中涌出寒冷中的温暖。

两年前我在清华园邂逅了一场好雪,算是"奇遇",此后不见雪已两年余。我生于长江边工作在淮河边,长期生活在江淮之间。此间并不算北方,但几乎每年都要经历一两场雪,暴雪成灾的日子三五年也会有一次。奇怪的是,雪虽妨碍交通,但无人不喜欢下雪。阴沉的天气里,似乎每个人都在等待,等待着冰清玉洁的仙子下凡,忽然教室外面的水泥路上,雪子(霰、雪糁,也有叫盐粒子)在蹦蹦跳跳,学生们的灵魂便跟着出了教室,下课的铃声一响,孩子们突如脱缰的野马,于是茫茫的天地间到处都是可掬的笑容,热闹非凡。雪夜最是充满期待的。"雪如何了?"实在让人放心不下,半夜小起也要掀开窗帘看看,雪花还在静静地飘,于是放心再睡,甚至听到了雪的声音。雪让被窝更温暖,睡在温暖的被窝里想着漫天的大雪,实在是惬意的事。"绿蚁新醅酒,红泥小火炉。晚来天欲雪,能饮一杯无?"下雪居然成了白居易喝酒的理由。雪光映照斗室,一家人围炉而坐,生活便成了诗。晴雪之日,满世界的光亮刺眼,天气变得异常寒冷,孩子们用冻红的小手拿着从滴水处揭下来的冰溜子,不时地放在嘴边舔一舔,虽然他一点都不渴。打雪仗是必须抓紧的事,雪化了就一事无成了,于是墙壁上窗户上都有雪弹的痕迹。最恐怖的斗士直接将雪团放入伙伴的脖颈处,越是动弹越往里面钻,然而,浑身打着冷颤的伙伴并不懊恼,从裤腰带里掀起上衣,抖擞抖擞就笑着跑开了。有雪陪伴的日子并不长,冰雪姑娘很快就被太阳公公带走了。

大雪和天寒地冻是我儿时的春节记忆。半夜时分,突然有一星半点的"冰凉"抚摸我的脸,原来是雪子从瓦缝中钻进来,经由房梁,扑入蚊帐,亲吻着睡梦中的我。白居易有诗《夜雪》:"已讶衾枕冷,复见窗户明。夜深知雪重,时闻折竹声。"老屋后面就是一大片竹林,最近处距离我的床不过五米，虽隔着一堵墙，但竹林里的风吹草动我大抵都能感受到，莫说竹子折断的声音，便是竹梢处的积雪滑落的声音也听得分明。早晨醒来，睡在被窝中四处张望，窗户外特别的亮，一阵寒风穿过三四道门直抵我的床前。早起的母亲不仅铲掉了门前路上的雪，而且四门大开拥抱新鲜的空气。茶几上已摆放了新摘的腊梅花，香气袭人。我的衣服已烘在火盆上，穿在身上特别的暖。上学时因为偷懒，不愿意带棉鞋，只穿着薄薄的胶鞋，一会儿脚趾头就失去了知觉。衣服也不太保暖，坐在四壁透风的教室里浑身冰凉，不时地跺脚、搓手，一下课便打闹取暖。上学途中的一处池塘，有些僻静，家长一眼看不到，严冬时结满一塘的厚冰，早晚我们都要上去溜冰。我们那时是稀里糊涂的，那池塘水深处超过两米，好在一直没有出事。幸运带给我们永久美好的回忆。

　　家总是温暖的。天一冷，每餐都是火锅，哪怕清水煮白菜，但是热乎的。每晚都用一个木桶的开水泡脚，要泡半个小时，直到浑身发热。父亲去世后，寒假回家，晚饭后我们姊妹坐在火桶边围桌谈天看书，嗑着瓜子喝着茶，暖意融融，母亲忙完家务后也加入我们的行列，一边做针线活一边听我们聊天。几乎天天聊到半夜，偶尔也打打扑克牌，轻易不肯上床睡觉，聊着聊着声音逐渐大起来，隔着几间房的祖母常常要披衣过来催促我们睡觉我们才各自上床睡觉。窗外便是无声的雪。

　　在我的记忆里，儿时过年总是和下雪联系在一起，不下雪过个什么年呢？初来闽南的2008年春节前的一天，我和同事小刘在厦门大学的白城沙滩闲逛，那是个大晴天，虽则腊月二十四五，我还穿着衬衫。我开玩笑地说，这个天，过什么年呢？穿衬衫过年我一时还不习惯。这一年是我连续第三年在闽南过年，因为有家，所以并没有太多的不习惯，去年更是一大家一起过年，共计七口人，好不热闹。厦大的学生全部走了，但马路上的车子似乎多于平日。雪是断不会下的，但蓝天碧水的世界里，树木葱茏，繁花似锦。校园里的百余种植物竞相生长，不必等到二月，十二月的"春风"即已裁出丛丛嫩芽和缕缕细叶。花儿就没有停止过开放，火焰木、虎刺梅、美洲合欢、刺桐、茶花，此时一律绽放出热烈的红，尤其是火焰木，简直就是冬天里的一把火。而三角梅，你几乎无法阻止它开花，它就那么日复一日地开着，分不清始终。还有许多花，你分明感受到它们已积蓄了足够的力量，怒放也许就在明天……

在这样的世界里生活夫复何求？

一方水土养一方人，有不少生长在南方的年轻同事还没有见过雪，我实在猜不出他们对于雪会有怎样的想象，他们愿意生活在冰雪覆盖的北国吗？而那些来自黑龙江的同事们，穿着厚厚的羽绒服上课，坐在下面的学生有的还穿着短袖T恤呢。看来适应环境需要一个过程。"孔雀东南飞"，我也许向南飞得太迟，随着年龄的增长，思乡之情日浓，"在哪里养老"的问题会不时浮现在脑海里。孩子跟着我们东奔西走，或许我们还要跟着他南来北往，我们到底算是什么地方的人呢？对于二代"农民工"，人们自然要问，他们的青春安放在哪里？我也要自问，我们的"夕阳"将照耀在哪一处的"黄昏"？马尔克斯的《百年孤独》里，布恩蒂亚家族第一代"掌门人"霍·阿·布恩蒂亚说："一个人如果没有亲属埋在这儿，他就不是这个地方的人。"之于我，只能说是安徽桐城人氏，尽管我只在那里生活了17年。

轻轻拂去故乡的雪，雪下面正是我多彩的童年。

回　家

一

世界再大，也要回家。

我的家在哪里？若以户口论，我的家在安徽省蚌埠市宝龙城市广场；若以常住地或工作地论，我的家在福建省漳州港嘉元亿景海岸。两处房子都是我们家的。然而，临近放假，总是不断有人问我：放假回家吗？在回答"回"或"不回"的同时，我总在心里问自己：难道我不是每天都回家吗？当然，偶尔也会碰到一位咬文嚼字的朋友问我：年在哪儿过？此时，我回答起来要轻松许多。父母在，不远游。我虽已年届半百，似可卖老，但母亲刚逾古稀且身体尚好，有母亲的家在，我的家暂时还不能算"家"。

关于"家"的问题，解释起来颇费一些口舌，但有"家"的感觉真好。

我已经有很多年没有在故乡过年。父亲去世后，母亲独自伺候祖母11年，那些年，我几乎每年都在家过年。如果没有记错的话，祖母去世那年除夕我是在老家过的，之后就没有回去过过年。但20年里，有一半以上的年份，母亲都在我"家"过年。有不在我"家"过年的时候，年前或年后，一般我都要抽时间去看看。我成家26年里，绝大多数是陪老人过的年，要么是母亲，要么是岳父岳母，要么是母亲和岳父岳母。

这年春节，太太是早已打算回家的。岳父岳母均已八旬高龄，过了年，岳父更是八十有三，而我太太是他的独生女，父女间的牵挂可以想象。去年我回了两趟母亲的家，所以我原本并不一定要回家过年；儿子更是觉得尚无"成就"可言，光不了宗耀不了祖，不想回老家。我母亲和岳父岳母都说，工作忙，路难行，就别回来了。太太很平静地说：你们在这儿过年，我回去。于是，我们一致赞成回家过年。可是，我和太太的老家分属两县（市），相隔80公里，年到底在哪儿过呢？商量的结果是，先到我家，然后我送她回家，我和儿子陪我母亲过年，她陪她父母过年，年后我和儿子再到她家过一天，顺便接她回我家。我母亲来电说："你们到外婆家过年吧，他们年龄大。"岳父来电说："从道理上说，你们要陪奶奶过年，年后再过来。"我们明白他们的心思，决定分开过年。这是我和太太结婚26年来第一次不在一起过年。

二

回家的感觉真好，但回家的路真的不好走。

火车准时、可靠，但厦门到合肥的直达火车是半夜3点钟到达合肥，1000公里的路程居然要跑30个小时。在高铁时代，这样的"快"车实在是太慢了。飞机只需要80分钟，但飞机受气象的影响比较大。然而两者的时长相差太大，所以，我回家从未坐过火车。我老家桐城市离省城合肥100公里，到合肥后还得转车。以前总是我弟弟带车去接我，但他自己不会开车，年边上再麻烦单位驾驶员或者其他朋友，我觉得不好。大妹去年买了车，她要去接，但新手上路，我很不放心。打车，担心拒载；坐大巴，转车不便。经过一番研究，决定从厦门坐动车到福州，然后乘福州到合肥经停桐城的火车。时间点挺好，又不麻烦人。定下来后，等着上网"抢"票。

决定乘火车后，我便留心网络购票的事。春运期间，网络订票可以提前20天。元月10日前后，我先上网注册，注册成功后不时上网操练一番。

到了可以预订的那一天，提前半小时就在那里刷屏。刷屏是我自己悟出来的，没有人教我。若非不断刷屏，你等到地老天荒也等不来票。我完全赞成新华社批评铁道部、工信部的话：自己"笨"就怨别人太聪明。快到下午4点的时候，我关上办公室的门，生怕别人打扰。4点刚过两分钟，几番刷屏后，显示有票。第一次忘记选中购票人；第二次验证码有误；第三次按钮无法操作。最终订票失败。第二天，决定直接购买软卧。网络显示有票，一番操作后，再告失败。当天，我就订了机票。

回家那天，早早起床。飞机是9点20分起飞，因为行李要托运，8点钟就得到机场。下楼一看，大雾。在到机场的路上，接到短信，航班延迟到中午12点。到了机场才知道，所有航班都没有点，等候通知。到中午11点，头天晚上转场的航班还没有进场。领了盒免费的方便面，我们继续等待。快到12点的时候，电子屏显示13点10分登机。我没抱太大的希望，这是缓兵计。按规定，如四小时不能起飞，应当安排旅客到旅馆休息。说实在话，航空公司也说不准我们何时能起飞。不怕晚点，就怕没点。13点15分，广播发布登机信息，大家开始排队。排了半个小时队，开始检票。14点，我们坐进了飞机，接着等待。等了40分钟，在大人的抱怨声和婴儿的啼哭声中，飞机开始滑行。从舷窗看过去，前面有十几架飞机等着起飞。走走停停。15点20分，飞机终于愤怒地冲进云层。16点50分，我们降落在合肥骆岗机场。气温零上三四度，比厦门低20度。下飞机，取行李，换衣服，17点30分坐进弟弟接我们的车，到家将近19点。回家用了整整一个白天的时间，而其中超过一半的时间是在等待。

三

天气预报说第二天有大雪，第三天仍有雪。

某年春节，我写了篇《我思念故乡的雪》，这年春节，我看到了故乡的雪。

原计划回家当天在家吃午饭,然后上坟。一场大雾,打乱了计划。

第二天一早起床。先陪妈妈买菜买早点。早饭后,虽然已经下小雨,还是决定进山上坟。天公还算帮忙,不到12点,祭祀完毕。在一阵阵鞭炮声中,雪花已经弥漫在天地间,不大的工夫,地面上已有了厚厚的积雪。下午,我们一家和大妹一家陪母亲逛商场,一行七人,浩浩荡荡。晚上围桌聊天至半夜。夜间气温降至零下5度,地上已结了冰,天上雪花还在飞舞着。

第三天早起推窗,外面已是一片冰雪世界。按计划,我要送太太回她的"家",但一地的冰,开车太危险,只有等到午后再说。街上行人和车子都非常谨慎地挪动着。菜场里依然热闹。我陪妈妈去买了两只鸡。买鸡的人很多,鸡贩子顾不过来,忙乱中不时有活鸡跑到街道上,还有被放血的鸡直愣愣一气跑出去十几米。鸡贩子的脸上有血,我的皮鞋上也溅落了几滴血。早饭后,带儿子到超市采购年货,满载而归。

午饭后,地上开始化冻,但路并不好走。岳父岳母来电说,下雪,年后再回去。太太也有些迟疑不定。我觉得,因为说好要回家过年,而且已经到了家门口不远处,此时真的不回去了,多少还是有点遗憾。带着试试看的心情,我们一家三口开车上了高速。高速路上车辆不多,应急车道上基本被积雪覆盖,另两条行车道勉强可行。车子多半打着双闪,车速很少有超过80公里的。在离下高速不到10公里的地方,我们被堵住了,原来有三四十辆轿车胡乱撞在一起。这一堵就是两个多小时。本来只需一小时,最后我们走了四小时,一路多处涉险。在太太"家"我们只站了几分钟,趁着天亮道路尚未上冻,我和儿子又匆匆往回赶,到家已是晚7点。

四

第四天是除夕。早起后陪妈妈到菜场买点豆腐,据说那家的豆腐最好。上午带儿子逛逛街,顺便在围墙外看看母校。午饭后,拜访一位同学。他正在家炸圆子，我真佩服他的雅兴。曾经，不仅圆子我会炸，豆腐和米糖我也会做。如今，一年里我可能也不下一次厨房。我也极少到菜场买菜，对行情一无所知。这次回家居然连着三天陪着母亲进菜场，跟在母亲后面，一句话也没有，一如儿时，傻傻的，只知道抢着付钱。年夜饭，我和儿子与母亲及大妹一家共进，没人喝酒，一刻钟结束。然后看中央电视台的春节联欢晚会。8点多钟，小妹一家三口回来。于是给老人、孩子们发压岁钱。看电视、发短信、接电话，忙到凌晨两点才上床睡觉。

老家的风俗是：初一不出门，初二拜新灵，初三拜母舅，初四拜丈人。除了初二有所忌讳外，其他时间的安排现在已比较随意。亡人为大，开年第一次外出，要到上一年刚去世的人家里祭拜。倘若无可祭拜，那初二也只好不出门。初一上午，我带儿子出门转了一大圈。对老屋里我儿时的涂鸦、曾经的小饭店、卖开水的地方、粮店，他都觉得"新奇"。

午饭后，陪母亲逛街。走到西门的后山，那里已是一处公园，山顶上有一亭子，我们想上去看看。

那里是烈士陵园，初中以前，我有四五个清明节在那里扫墓。殡仪馆也曾设在那里，现在已搬迁至别处。殡仪馆大约建于1975年，我伯父正是那年去世，我估计他是殡仪馆建成后在那里火化的前几人之一。当时，家里人无论如何不能接受火化，但伯父是国家干部，火化是移风易俗，干部当然要带头。更重要的是，不火化，经济上就得不到救助。我清楚地记得，当时的县领导到家里做工作，说我们是唯物主义者，不要迷信。我亲眼看着伯父被推进火化炉，我也是亲手将伯父的骨灰装进骨灰盒的几个人之一。第二年，我再次亲眼看着舅舅被推进火化炉，因为他也是公家人。不火化，表姐就不能顶替上班，外婆外公就拿不到抚恤金。此后近30年，我不曾去过那里，直到叔父去世。叔父做了30年小学校长，退休不久因突发心脏病去世。我到殡仪馆吊唁，突然觉得，30年过去了，活人生活的地方日渐豪华，但殡仪馆已是十分的破败。现在想来，当时大约已在酝酿搬迁。每逢佳节倍思亲，盛世华诞，我们总是不能忘怀故去的亲人。

一路悠闲地走过去，并无一定的目的地。走过仁寿寺，被一水塘所隔，于是返回。晚饭后，到宾馆看望一位探亲的同学。没讲十分钟的话，家里来人，儿子电话催，又匆匆返回。

十里不同天，百里不同俗。我老家初二要拜新灵，而太太老家初二要拜最重要的人。于是，我和儿子初二早饭后到她家拜年，同时接她回来。那天天气不错，我们一路顺利，下午5点回到家。

初三，弟弟一家回家。这是我们"家"第一次大团圆。我们先到影楼拍"全家福"，母亲和我们姊妹四家共十三人第一次全部到齐。合影后到饭店吃饭。

初四，我们各自回"家"。十三人的大家只剩下母亲一人独居。

五

除夕中午，收到老师汤华泉先生的短信："家乡年味足，南国景光新。双美可兼得，忙里宜抽身。"我似有所悟：回家的路其实未尝不是幸福的路。我17岁离开家乡，读书，工作，"回家"似乎是永恒的主题，"回家"的路虽然有那么一点曲折，而有"家"可回，实在是件幸福的事。如果一直生活在故乡，不曾有"家"的牵挂，不曾有"回家"的周折，未必没有一些缺憾。

故乡于我多少有些陌生，而我于故乡又有些什么变化呢？走在上坟的乡间小路上，我打着伞，有两个后生快速从我身边走过，回头复回头，一个声音传过来："是跃林。"在老家，我的辈分很高，他们有可能是我的曾孙辈。我不认识他们。他们的父亲也许是我儿时的伙伴，也许比我要小好多，不曾玩在一起。那一刻，我忽然明白，在故乡，不仅在长者、尊者、年长者眼里，在所有人眼里，我就是"跃林"，既非老师亦非校长，就是那个17岁男孩。

回家前，太太写了一首《苏幕遮》："短阴阳，催岁暮。回首茫然，徒有风晴旅。何事他乡忙碌苦？望断家园，碧海连天雾。老爹娘，相倚护，日日思儿,却道无须顾。即作投林归鸟去。掷雪抛寒,绕膝开心语。"年轻的时候,对故乡,对父母,理解得很肤浅。年纪渐长,反而觉得离不开故乡,离不开父母。对故乡的思念、对父母的思念、对故人的思念与日俱增。40岁以后,思乡之情日浓,回家的次数明显多于40岁以前。

妈妈走了

7月21日晚9点45分左右，妈妈坐在靠椅上，趴在病床边（这个姿势她已经保持了一整天），艰难地说出一个字"喝"。我赶忙拿来水，小妹将吸管塞进她的嘴里，她已经不能吮吸。我扶起她，小妹喂水，她已经没有反应。就在那一刻，妈妈在我的怀抱中陷入昏迷。我和小妹夫将她抱到床上，她没有反应地躺下。我在心里哭泣着："妈妈，您终于可以躺着睡觉了！"我们只知道她住院24天来没在床上躺下过，但不知道之前她已经有多长时间没能躺着睡觉了。医生立即进行抢救。10点10分，医院下达病危通知书。22日凌晨5点08分，妈妈永远离开了我们。尽管有心理准备，但我们全家还是陷入巨大的悲痛之中。我生平第一次无法抑制内心的悲伤，一日数次泪流不止。

对于妈妈罹患肺癌，我们兄弟姐妹完全没有思想准备。妈妈77岁，除了多年的慢性胃病外，并未发现其他问题。我们总认为她一定长寿。端午节，弟、妹们还回家陪她过节，那时她的精神还很好。我一周最少给她打一次电话。没有特殊情况，周日下午我必定给她打电话，每次都聊很长时间。我从不主动挂电话。我离她最远，见面最少，只有通过电话拉呱（聊天）。虽然我们觉得妈妈身体挺好，但我最担心的还是她的身体。每次电话里，我总是叮嘱她注意身体，走路要小心。6月初，在我的追问下，连续两次电话中她都说头有点不舒服。第一次我没太在意，只是要她到医院看看。因为年轻时体力劳动过度，多年来她经常浑身疼痛，过几天又好了。我们对妈妈的病痛变得习惯和麻木起来。再次听说她头痛的时候，我觉得一定有问题。我打电话给小妹，让她陪妈妈去看医生。6月14日，小妹请假调班带妈妈看病。医生诊断是神经痛，开了点止痛药。因为二妈去世，那天弟弟也回家了。妈妈的身体看不出异常，精神也很好。我便有些放心。6月18日，我给妈妈打电话，她说，头痛没有缓解，而且因药物反应，胃也有些不舒服。20日，我给小妹打电话，让她抽时间陪妈妈再到医院检查。22日上午小妹陪妈妈到医院就诊。医生先按颈椎问题治疗，做CT时偶然发现胸部有问题。再拍胸片，医生诊断为肺癌扩散。得知消息后我如五雷轰顶。我很清楚，医学发展到今天，医生确诊肺癌就像我们老师批改试卷，基本不会出错的。我和弟弟妹妹们商量，接妈妈到铜陵市人民医院住院治疗。这是家三甲医院，离弟弟家近，便于照顾。一夜无眠，那一晚总有一个想法在我脑海中挥之不去：我可能再也没有机会陪妈妈过年了。2017年我可能没了妈妈。这是我们家最大的事。

我们不想让妈妈知道实情，因此之后的住院、转院、治疗都颇费心思。正因如此，直到去世，妈妈也未言及身后事。我们有很多话要对她说，她也一定有很多话要对我们说，终因左右顾忌而未开口。留下了无法弥补的遗憾。23日上午，我很小心地与她商量住院的事，她同意了。24日，大妹接妈妈到池州市。从大妹夫发的照片看，妈妈的消瘦出乎我的想象。25日，从大妹的电话中得知妈妈夜不能寐，我认定病情已到了很严重的程度。26日是中考的最后一天，上午我先买了到铜陵的火车票，然后给妈妈打电话。她说："你忙，没有必要专门跑一趟。"我说："快放假了，没什么事，先回去看看。"下午，弟弟将妈妈接到了铜陵。随后他拿着妈妈的片子找医生诊断，被确诊为肺癌晚期，已经无能为力。下午4点10分，弟弟在电话里已是未语先泣了。27日下午我赶到铜陵，随后到医院拜见医生。因为弟弟都已安排妥当，一切都很顺利。大妹也请假陪侍。27日，妈妈一夜未眠，大妹也一夜没有合眼。妈妈自己也感到头以及浑身疼痛难忍，有濒死的感觉。我觉得妈妈的病情超出我的预料。她现在已经不能离开陪护。28日早晨，我决定联系安医附院或省立医院的专家帮助诊断。早饭后，我们送她住院。随后我同学帮我联系好了安医附院肿瘤内科的顾教授。我退掉了返程的车票，午饭后与弟弟一起到合肥见顾教授。教授一看片子便"哟"的一声，诊断结论与铜陵市医院、桐城市医院的医生一致。接着就是那句"想吃吃什么想喝喝什么"。可是，我妈妈什么也不想吃什么也不想喝。最后，教授很客气地说："如果有机会我们再作进一步讨论。"无法手术，也不可能放疗或化疗，剩下的就是等。小妹随即辞掉了工作准备专心陪护妈妈。29日晚上我乘车返回。

医院也只能是应景似的做着各种常规检查，吊水，无法开展任何实质性的治疗。病急乱投医，我们四处打听，得知可以试试分子靶向疗法。医生认为，子女要尽孝心，可以一试，但不会有根本意义。即使有用，也不过是延长一点时间。由于医生不敢做穿刺，只好做基因检测。7月10日，北京方面的基因检测公司派人来采血，结果要到10天后才能出来。这成了我们唯一的希望所在。

妈妈的身体是一日不如一日。多处软组织里也出现了肿块。我度日如年，一方面等着放假，另一方面等着基因检测结果。大妹、小妹昼夜轮流陪护。7月13日招生工作结束，14日我和太太赶到铜陵，从火车站直接去了医院。妈妈的身体已是极度虚弱，身体移动都很困难。由于医院已经没有什么实质性的治疗，妈妈又想回家，我们也担心过几天她有可能回不了家，于是兄妹们决定转院到老家桐城市人民医院。15日、16日是周末假期，17日一上班，我们即与医生商量转院事宜，医生表示支持。我觉得妈妈已不宜乘坐家里的车子，便与弟弟联系救护车。我一方面委婉地与妈妈说救护车更方便之类的话，一方面又劝她先到桐城市医院住两天再回家，横竖医院就在家边上。妈妈好歹同意了。18日上午，救护车送妈妈回到桐城，住进了桐城市医院呼吸内科。下午，我和弟弟、小妹夫就去了趟公墓。我们必须直面现实。7月20日，基因检测结果出来，阴性，不支持靶向治疗。希望破灭。在经过多方咨询后，决定盲吃靶向治疗药物特罗凯。也许是心理作用，当晚用药后，妈妈心跳趋于平稳。第二天上午，心跳又一直高达 120 次以上，而且一直流汗，妈妈住院以来第一次发出痛苦的呻吟。我多次去找医生，希望他们想办法减轻妈妈的痛苦，但医生无计可施。午后，我到超市买了张可以放在床上的电脑桌和水垫子，希望能帮助妈妈坐到床上去。但她只坐了很短的一会儿便坐回床边的椅子上，一直就那么趴在床上。目睹此景，我便预感妈妈有可能熬不过今夜。结果印证了我的预感。

7 月 22 日早晨，我和弟弟一起跟车将妈妈送到了殡仪馆。在选择灵堂时，我一眼看中了桂花厅。一方面妈妈名讳桂华，谐音；另一方面，我还是婴儿的时候，第一次听到妈妈唱的歌就是《八月桂花遍地开》，其旋律影响了我一辈子的审美情趣。24 日举行遗体告别仪式。告别仪式安排在最大的厅，参加告别的亲朋近 150 人。妈妈遗体火化后就安葬在殡仪馆对面的公墓。入土为安后，我捧着妈妈的遗像送她回家。进门的那一瞬，我实在无法抑制内心的巨大悲伤，哭着说："妈妈您回家了！"在家的那几天，我总是默默地看着她的遗像，54 年的陪伴与牵挂，点点滴滴次第涌上心头。母子连心，心中之痛总是难以平复。

得知母亲患病后我一直纠结一件事，不是说上天是公平的吗，为什么对我妈妈不公平？妈妈 41 岁守寡，拉扯我们兄妹四人，让我们都接受了良好的教育，还替父亲赡养祖母，为其养老送终。那些年虽然生活艰苦，但一家人其乐融融。我们兄妹四人从未被妈妈打骂过，我们也从未在她那里感觉到生活的某种匮乏感，这些都直接影响了我的人生态度和教育观。我在学校图书馆边立石刻字"宽柔以教"，就是这种教育观的体现。祖母去世后，妈妈又帮弟妹们带孩子，等孙辈长大后，她又回家独居。嘴上说是不习惯在一起过，实际心里想的是不想"打搅"我们。六年前，我们兄妹给她在市医院边上买了一套房子，希望她安静地养老。但她三分之二的时间还是住在乡下的祖宅里，还在那几分田地里劳作。妈妈是最有资格享受幸福晚年生活的，但上天不仅早早接走了她，而且还让她患了恶症。我心里很不平静。每每思之便泪眼婆娑。便只好安慰自己，父母阴阳两隔已有36个年头，也许他们早已期待相逢在另一个世界。

"子欲养而亲不待"，这回我有了真切体会。那年暑假，我和太太作好了一个暑假在医院陪护妈妈的准备。但上帝只给了不到八天的时间，7月14日17点到医院见她，21日21点她就昏迷了。在唯一一次我给她喂燕窝汤的时候，我在心里说：您喂我长大，我要喂您送老。然而，临终前几天，她几乎什么都不吃。那个时候，我甚至觉得妈妈能躺在那里让我们喂一点东西都是极其幸福的事。但这样的机会也没有。在工作和孝老之间，我们的内心始终有说不尽甚至说不出的挣扎。

我从小听话，从未对妈妈高声说话。正所谓"色难"，但我做到了。兄妹中妈妈也是对我最平心静气的，一辈子都是和我轻声说话。又因为离家早，在家待的日子少，妈妈总是待我如宾客，甚至不像母子。母亲一直护着我，对我疼爱有加。记得很小很小的时候，不知道因为什么事，我生气躲在邻居家的柴房里，嘴里喊"桂华桂华"，算是对妈妈的反抗。我那时太小，也许只有两三岁，还不知道妈妈姓毛。只喊了两句就走出柴房，妈妈毫无察觉地走过来把我抱回家了。这是在我心中藏了50年的秘密。在过去的几十年里，只要想到这件事，我就加倍地尊重、孝敬妈妈。

在整理妈妈遗物时，我们发现妈妈保存了我们兄妹小时候的很多东西，其中有我初中的毕业证和中考准考证。尤其让我们心情难以平静的是，妈妈为四个孙子辈存了六万元作为他们结婚生子的礼金。我们兄妹陆续工作后，妈妈并未规定我们要给她多少钱，我们也没有约定，都是凭各人自觉。我们亲兄弟明里暗里都不算账。我一直猜想，妈妈应该是衣食无忧的，但要攒那么多的钱还是令我不可思议。可见她平时生活是非常节俭的。她最大的开支是人情往来。妈妈最重感情，我们远远不如。这也是妈妈始终不愿意长时间离开那块土地的原因。妈妈是我的榜样。

料理完丧事离家时，小妹从冰箱里拿出一包茶叶和一包笋干给我，说这是妈妈自己种的，是专门留给我的。茶叶是妈妈一片一片摘的，笋干是妈妈蒸煮晾晒的。我把它藏在行李箱里，也永远地藏在我的心中。

这次离家，妈妈再也不能送我了。我成了没妈的孩子。

中秋月圆，希望天堂里爸爸妈妈能团圆！

一剪梅

"真情像草原广阔 / 层层风雨不能阻隔 / 总有云开日出时候 / 万丈阳光照耀你我 / 真情像梅花开遍 / 冷冷冰雪不能淹没 / 就在最冷枝头绽放 / 看见春天走向你我 / 雪花飘飘北风萧萧 / 天地一片苍茫 / 一剪寒梅傲立雪中 / 只为伊人飘香 / 爱我所爱无怨无悔 / 此情长留心间"。

这首歌曾无数次打动我,或者不如说这首歌一直让我感动着。我第一次听这首歌是我妻子(那时是女友)唱的,天地是舞台,演员只有我俩。那是永远抹不去的记忆:农历1984年除夕前一天,我从她家连续两天搭车回家因大雪而未能成行,心情沮丧而复杂。那一年我刚工作,父亲去世不久,母亲独撑家庭,弟弟刚上大学,大妹上高中,小妹上初中,上面还有82岁的祖母。为了照顾家庭,我倾己所得,以致常常连买邮票的钱都没有。虽有爱情温暖着我,但面对生活的压力,我时常不自觉地唉声叹气。第二天就是除夕,妻子满心期望我陪她过年,但她知道我必须回家,没有我的家似乎就是冰窖。她不厌其烦地送我到车站,然后又是失望而高兴地返回。就在那样雪花飘飘北风萧萧一片苍茫的天地里,极目望去,不见其他"生物",天地里只有我们,妻的"爱我所爱无怨无悔"温暖着衣着单薄的我,一直温暖到现在。爱的世界里永远充满阳光。一剪寒梅,傲立雪中,妻看着我,我似乎闻到了梅香,那是我一忆起就要流泪的瞬间。

"相见时难别亦难",见面的渴望与期待,相处的温暖与终要离别的心焦、不舍与忧伤,曾困扰我们三年。那三年里,我们互通的书信有一千多封。我的同事见我一天一信两天一信，就放弃了给我介绍对象的打算，而她班里帮她拿信的同学在毕业留言簿上竟自称"邮政部长"。若干年前我在报上发表了一篇散文，题目是"积攒相思成财富"，这题目就是我真实的感受。意外重逢的惊喜非常的奇特，三年里，每学期妻都要来看我两次，每次来都比较顺利，而返回竟有三分之二的时候，汽车出故障，不得不返回第二天再走，以至我养成了送她走后又开始等她立马回来的习惯，而每每如愿。我相信婚姻是讲究缘分的，我和妻到同一所大学读书都不是遵循常理的，我们的见面是非常偶然的。更为不可思议的是，我初中一位女同学在我第一次见到妻之前写的一封对我主动示好的信，竟然在我大学毕业一年后才由那位"邮政部长"在收发室里偶然发现，交由妻转给我。这封信竟邮递了一年多，若非上天有意，还能作何解释？

妻大学毕业后我们就结了婚。住在我的单身宿舍里，虽"家"徒四壁，但春意融融，我们终于迎来了春天。我们出入成双，干活结对。我做饭她看着，她洗衣我陪着。差不多在近十年的时间里，我们几乎没有分开过，也很少访朋问友，除上班外就那么终日厮守着。我们是彼此的跟屁虫，蜗居一室还寸步不离。

婚后第一次因分别而惹她流泪是在1996年的10月，我到铁道部南昌干部学校学习两个月，送我上汽车的时候，她终于顾不得同行的学友和满大街的行人，自顾自地尽情垂泪了。看她泪流满面，我内心很久未能平静。也许是好久没有分别，太缺乏心理准备了。那时我还没有手机，同学中只有极少数在重要部门任正职的有手机，而且资费很贵，不好借用，我每天午饭或晚饭后，都要到电信局给她打电话。后来外出考察，从庐山打到深圳打到珠海打到广州，每到一处，第一要事是找电话亭，为此还引来同学的笑话。

相爱24年，我们没有一次争执，没有红过脸。除了分别我只惹她流过一次泪。那次我在办公室批阅试卷，她帮忙，回家的时候她要我送她，其实学校离家就几步远，我因为试卷未阅完，同事还没有下班，就不想送，在她准备走的时候，同在阅卷的两位大姐说了我一句："你就不能送她一下吗?"本要离开的她终于眼泪汪汪了。我发誓,只有这一次。人们常说夫妻间吵吵闹闹是正常的,一点不吵是不可能的,每当听到这样的话我就很不受用,总要担心自己的夫妻关系不正常,惧怕不正常的过程会带来不正常的结果。妻有时说她耳垂小,没有福气,我据此推理,她如有不幸那定是因为失去了我,所以我就给她买保险给儿子买保险,让她在万一没有我的日子里不至于太艰难,我由此对自己些许的头痛脑热都很在意,甚至神经兮兮的。

我有时极迷信。妻刚工作时在讲师团,被派往郊区的一所学校教书一年。有一次和几位同事一起从机场周边的另一条路骑车回家,因路远耽搁了一段时间而未准时到家,我毫不犹豫地借同事的自行车飞奔到她的单位,一路上就想象着她躺在路边流血的悲惨情景,甚而至于泪眼迷离。返回时又想象可能被坏人绑架,琢磨如何报案。回到宿舍一推开门,她正安闲地看书呢,毫发未损。类似的小折磨经常有。即便现在,有时出差,睡觉前刚关掉手机,立刻胡思乱想,万一她身体不舒服了,万一停电了,万一钥匙开不了门了,转而又将手机打开。有时睡到半夜似有感应般突然醒来,连忙将关掉的手机打开。1997年我搬新家,一次有位朋友来访,在告诉他地址的瞬间,我发现我的住址是四号楼四单元四楼七号,连起来竟然是"4447",谐音就是"死死死妻",我从此就想着搬家。那几年,我不可自拔地陷入宿命而又拼命地反对宿命,在应当看到妻的时候看不到她我就很着急。

妻以前不会做饭,买菜做饭都由我承担,她专司洗碗。两次搬家装修,她都是在装修好了以后才第一次去看。即便像这次如此大的工作调整,她竟然全由我做主,至今未来过一次。她对我的放心成为藏在我心中的压力,我要克服困难,努力为她带来幸福,实际上是创造我们共同的幸福。婚后的前十年,家里的事我很少让她操心,甚至连她的衣服,百分之八十以上都是我给她买的,而且不需要她试,一准合适。她甚至不知道自行车跑气是怎么回事,我除了帮她搬自行车,还要时刻关注车况,否则螺丝掉了她都不知道。后来,我做了单位负责人,这些事都交给她了,她学会了做饭，自己买衣还要给我买衣，也不需要我去试，也是一准合适。现在，我吃的饭都是她盛好的，我洗澡时毛巾衣服都是她准备好的，没有她的照顾我会经常出错。这样的变易，我们为什么不需要吵架呢？我自己都说不清楚，我也不愿意多想，还是抓紧时间享受心中有"她"的幸福吧！

为了理想，我开始了新的跋涉，回家常在梦中。为了儿子，现在我们又过起了牛郎织女的生活。这样的分别，对有些人也许不是坏事，更能让人懂得夫妻相拥的珍贵，而对我们完全就是一种折磨。

此来何时归故里呢？我不能给出确切的答案。《大约在冬季》这首歌我不止一次听，但几乎没有完整地听过，而且也不太清楚歌词，但"漫漫长夜里未来日子里，亲爱的你别为我哭泣"一直萦绕在我的脑际。在这样小雨的夜晚，在这样充溢思念的空房，我突然觉得应该听听这首歌。打开电脑，戴上耳机，我开始听齐秦的《大约在冬季》，我一下记住了每一句歌词，记住了所有的旋律，我觉得那个"我"不就是我吗？我真的流泪了！

"轻轻的我将离开你 / 请将眼角的泪拭去 / 漫漫长夜里未来日子里 / 亲爱的你别为我哭泣 / 前方的路虽然太凄迷 / 请在笑容里为我祝福 / 虽然迎着风虽然下着雨 / 我在风雨之中念着你 / 没有你的日子里 / 我会更加珍惜我自己 / 没有我的岁月里 / 你要保重你自己 / 你问我何时归故里 / 我也轻声地问自己 / 不是在此时 / 不知在何时 / 我想大约会是在冬季 / 不是在此时 / 不知在何时 / 我想大约会是在冬季"。

记下这歌词，看着这歌词，我睡意全无，满脑子都是妻，想起了莽原里雪花飘舞中的妻和那多情的《一剪梅》。

宁静的妻
——圣诞夜写给天底下相亲相爱的人

妻在博客中这样介绍自己——"慵懒的个性忙碌的心",而近期的愿望是"儿子更进步,老公事业旺,自己心宁静"。妻的博客创设于 2008 年 7 月 19 日,第一篇文章是在这天的 23 点 50 分放上去的,题为《伤心的绿》,文中有这样几段话:

我似乎在下意识地留心哀婉悲伤的词句,以便伤心的绿溢满我的双眼,这跟我的心境有关吧。

我和外子 21 年朝夕相伴,去年他因工作变动去了外地,我一下子失去了精神支柱,生活仿佛变成一眼枯井。虽说相见不算太难,可毕竟聚少离多。离别的日子伤离别,相聚的日子怕离别。自他离开,缤纷成黑白。我几乎也成了思妇、怨妇了,这天地间的美色怎能不一时黯然呢?又岂止绿色惹人伤心?

外子日日与碧波为邻,不知在他的眼里,那汪汪一碧的大海呈现什么心理颜色。我希望他看到的是'快绿'的海水。但如果他心里全是愉快的绿,我又觉得失落。

其实,人自悲伤愉快,干绿何事?

闲人且无聊自扰,绿自弥漫天涯……

那时,我到附中工作整一年,监督校舍施工的同时正在紧张地筹备开学,妻虽放假在家,但儿子刚上高三,正在补课,她只好在家里守着儿子,我们只得天各一方,不得朝夕相守,所以她才是"慵懒的个性忙碌的心",愿望自然是"儿子更进步,老公事业旺,自己心宁静"。

心何尝能宁静!虽然一天打几次电话,但我已分明感觉到电话那边的"怨"意,离别触动了妻的浪漫,诗人的情愫开始复苏,然而,此后一年里写的近20篇诗词,总让我看到了诗人的泪眼。仅以旧体诗为例。

《望江南》:"寒风紧,凛凛逆心怀。不见茫茫南去雁,阴阴嘉树海崖栽。离恨满双腮。"范仲淹有词《渔家傲》:"塞下秋来风景异,衡阳雁去无留意。"南飞之雁久不归,自然引得离人双泪滂沱。

《思帝乡·冬至》:"冬至天,懒慵人早眠。可耐敲窗风雨,梦凋残。小舍曾谙暖热,醉酣甜。此夜长孤守、锦衾寒。"昨日之"暖"与今日之"冷"一对比,孤独与寒冷尤甚。

《卜算子·昭君》:"深浅汉宫阁,寂寞数寒暑。赛月蛾眉子弃嫌,拚却离宫去。漫漫野胡天,雁伴黄沙舞。驰骋沙漠鬓满尘,青冢何相负?""赛月蛾眉子弃嫌,拚却离宫去。"何等的决绝!不知道有没有生我的气。

《三更风》:"三更风觉梦,缺月瘦如弓。怨子眠无梦,魂不梦里逢。"我入睡很快,向来少做梦,谈什么梦中相会,所以才会"怨子"。唐人金昌绪有诗《春怨》:"打起黄莺儿,莫教枝上啼。啼时惊妾梦,不得到辽西。"如不能相见,便是做梦也好。

《长相思》:"江风吹,海风吹,陪我轻云彩霭飞,相逢日月辉。影相随,心相随,浅笑低言驱雾霾,蝶花明翠微。"因为儿子要参加保送生考试,2009年元旦前后,我们从厦门到上海"影随"了几日。

《相见欢》:"天仙辞了霓虹,兴冲冲。据报人间冬寂、少芳踪。化柳絮,当风舞,意何浓。去伴凌寒姊妹、腊梅红。"此时,因为儿子到北外参加考试,我们"影随"到了北京,儿子在考试,我们游颐和园,自然是"相见欢"。

《壶天晓》:"街角花灯昏暗,楼头圆月纯明。隆冬格外晓风清,灯月拉长人影。三两家垆早市,七八个客匆行。公交报站女高声,说破珠城岑静。"家有高三学生,妻每天天不亮即到小区门口包子铺给儿子买早点。打破小城岑寂的岂止是公交车报站的声音。

《元夜》:"花灯如昼又元夜,人伴黄昏成往昔。月上柳梢独眺望,泪湿襟袖自痴迷。赏心乐事何人笑,美景良辰几户嘻。关却窗头灯与月,抛完眉际聚和离。"欧阳修《生查子·元夕》:"去年元夜时,花市灯如昼。月上柳梢头,人约黄昏后。今年元夜时,月与灯依旧。不见去年人,泪满春衫袖。"我别家南来,已是两度元夜不团圆。别离而团圆自是高兴,团圆而又别离怎不叫人伤感!

《浣溪沙》:"袅袅翩翩衣薄衫,东风细细艳阳天,忽逢懊恼倒春寒。风怪纠缠鸢下线,雨骄黯淡水中帆,闷愁似水逝华年。"

《秋波媚》:"云雾沉沉雨潇潇,暮暮复朝朝。别来常是,梦魂难静,早醒更宵。昼间独处空房里,情绪好无聊。闲书一本,几翻频道,数次伸腰。"

此两首写暮春时节的孤单无聊。我只好劝她学开车,课余总算有点事做。

《浣溪沙》:"日志闲瞧旧句寻,仄平声怨却沉吟,燕飞柳摆乱人心。欹枕频寻携手梦,凭窗徒叹赏春人,沉沉落日又熔金。"翻看一年的日志,可不是"声怨却沉吟"。

2009年夏天,儿子考上大学,我们夫妻两年天各一方的日子终于结束,总算可以妇唱夫随,妻的心情可以归于宁静了。离别有一百个不好,但有一个收获,它勾起了妻之诗心,一年多来,她没有停止写作,一篇一篇文,一首一首诗,往昔的愁怨都随风远去。别人眼里尚显荒凉的景色,在她却都是宜人的景致。

《冬日一绝》:"厦门湾吐波中白,太武山横雾里青。最喜骋怀苍昊下,闽南冬日似春晴。"

《采桑子》:"(昨日既望,傍晚见外子对焦东楼满月;21至22时,与外子并肩步月;23时许,外子于阳台赞'月光真好';今晨与外子出门,见月轮悬停西山坳。于是记之。）多情最是东楼月，移步涵虚。眷顾江湖，亦撒清辉到户渠。爱怜更尽晨曦动，寂寞踌躇。碧海徐徐，缥缈孤鸿独望舒。"（注：望舒：为月驾车之神，借指月亮。）

《浣溪沙》："（午后突然变天，雾迷天地，因此咏之。）云霭骤然瀚海来，追风雾脚甚疾哉。地天混沌失楼台。盖裹笼缠重幔里，天涯咫尺锁难开。神奇造化费神猜！"

《虞美人》："三春南国芳菲闹，燕雀吟清晓。小楼日日醉东风，春睡慵慵，岁月却匆匆。踏春不必迢迢路，开牖红英簇。碧芜千里树堆烟，风水悠悠，歌四月人间。"

《忆王孙·清明节》："迷蒙晓雾洗芭蕉，晌午昏阳挣碧霄。转却黄昏冷雨号。风萧萧，天痛红尘清泪抛？"即便清明所感，也没有了自己的幽怨。

岂止没有了幽怨，反倒劝起了纳兰容若。

《画堂春》："（戏仿纳兰词而反其意。）一生一代一双人，幸教一处销魂。相思相望又相亲，天为侬春。茶润书中文气，歌吟墨里诗心。为能相契报知音，永世不分。"

纳兰容若的《画堂春》："一生一代一双人，争教两处销魂。相思相望不相亲，天为谁春。桨向蓝桥易乞，药成碧海难奔。若容相访饮牛津，相对忘贫。"

校内那些平淡无奇的花草也让妻兴奋莫名，甚至连登不得大雅之堂的爬山虎也引发了妻的诗兴。

《卜算子·叶子花》："万莽千丛间，荏苒仍如故。俗叶凡枝数岁年，哪肯虚闲度。无奈绿幽秋，只把英华妒。攒泪凝思到杪梢，风鬵红娇簇。"

《阑干万里心·刺桐花》："丹霞美梦涌心潮，翡翠丛生串串椒。炙炙灼灼烈焰烧，闹花朝，火火红红昼复宵。"

《菩萨蛮·爬山虎（一）》："位卑不自伤怜影，趴山攀壁织华锦。脚力达高崖，雄心超琼花。旱湿勤摸索，冷热争开拓。待到绿横行，终成龙虎名。"

《菩萨蛮·爬山虎（二）》："竹篱茅舍虫栖草，飞天捆石雄心傲。霜染素颜娇，枫藤红绉绡。草根英武汉，情志磨刀剑。兀兀自图强，风华春未央。"

外出旅游亦时有诗文记录，兹录《鹧鸪天·土楼》《临江仙·印象乌镇》及《忆江南》两首。

《鹧鸪天·土楼》："（去年曾去看'四菜一汤'的南靖土楼，也就浮光掠影、'到此一游'而已；倒是途中窗外偶尔一见的悬果累累的柚子让我念念不忘。这两天看漳州作家何葆国的'土楼风情录'《来过一个客》，才勾起了我对土楼的小小感触。）南闽山中座座楼，鸡鸣狗吠本偏幽。盈盈紫箨风前雾，点点香菇雨后秋。人若鲫，嚷咻咻，昔时宁静梦中求。来来往往皆游客，垣瓦无言溪水流。"

《临江仙·印象乌镇》："［国庆假日去了乌镇。置身于熙来攘往的人群，行走在市河（又名车溪）两岸，水阁、拱桥、木屋、石板巷、乌篷船、杭白菊、三白酒、桐乡花鼓戏、蓝印花布的三角头巾，便印在了心版上。］委婉车溪分小镇，人家枕水浮河。水街岸市立楼阁，青青石巷，木舍挂烟萝。菊酒醉香花鼓戏，乌篷欸乃穿梭。头巾蓝染竞婀娜，桥桥虹落，满耳是笙歌。"

《忆江南》："（和西湖亲密接触过两次，一次是四年前一个春天的夜晚，另一次是今年的国庆假日。她留给我的美好印象分别是朦胧月色下的隐隐断桥和无处不在、沁人身心的桂花香。）其一：西湖美，秋色秀繁华。桂子流芬飘若梦，鲤鱼戏水比穿花。彩树对流霞。其二：西湖好，步月客逍遥。浪漫断桥寻艳遇，沧桑层塔叹灵妖。水月醉山桃。"

太宁静的生活很难产生诗，而即便有丰厚的生活倘若没有宁静的心情仍然写不出诗。妻有诗心诗性，本可做一诗人，然而嫁为我妇，20年不曾写诗，直到再次分别，终于回归本心。但愿她从此不再失掉宁静的心。

匈牙利诗人裴多菲有一首著名的诗《我愿意是急流》："我愿意是急流／是山里的小河／在崎岖的山路上／岩石上经过……／只要我的爱人／是一条小鱼／在我的浪花中／快乐地游来游去／／我愿意是荒林／在河流的两岸／对

一阵阵的狂风／勇敢地作战……／只要我的爱人／是一只小鸟／在我的稠密的／树枝间做窠、鸣叫／／我愿意是废墟／在峻峭的山岩上／这静默的毁灭／并不使我懊丧……／只要我的爱人／是青青的常春藤／沿着我荒凉的额／亲密地攀援上升／／我愿意是草屋／在深深的山谷底／草屋的顶上／饱受风雨的打击……／只要我的爱人／是可爱的火焰／在我的炉子里／愉快地缓缓闪现／／我愿意是云朵／是灰色的破旗／在广漠的空中／懒懒地飘来荡去／只要我的爱人／是珊瑚似的夕阳／傍着我苍白的脸／显出鲜艳的辉煌"。在妻还是大学生的时候，我曾经将这首诗工整地抄录在贺年片上送给她，20多年来我一直以妻之快乐为快乐，以妻之痛苦为痛苦，我一直梦想能够为她营造一个童话般的纯净世界，让她永不失宁静。

　　生不由己而又身不由己，我只有尽人力以俟天意，上天厚爱于我，使我能勉强带给妻子幸福与快乐，而她之以我为她的全部世界更使我每一刻都感动而幸福着。

紧紧握住孩子的手

著名学者周国平说:"一个优秀的灵魂,其最基本的品质就是善良,他对生命有一种感动。比如说,如果一个人不喜欢孩子,那么他的人格就有问题;如果一个人看见孩子是喜欢的,但别的地方有问题,那么这个人还是有希望的。"照此说法,我自认为是个有希望的人,我承认我是个喜欢孩子的人。

显而易见,这里说的"孩子"是指小孩子。不爱他人孩子的人并不少见,但不爱自己孩子的人并不多见。遗憾的是不爱孩子甚至残害孩子的事时有发生,我每每听闻深恶痛绝。

我们用什么态度对待孩子将在很大程度上决定着将来孩子用什么态度对待我们,父母是孩子的天然教师。

我对生命的感悟更多的是在有了孩子以后。目睹儿子一天天地长大,我日甚一日地体会到生命的伟大。我没有打过儿子,没有骂过儿子,没有对儿子黑过脸,因此我儿子至今不会骂人,一直很阳光。在教育孩子的问题上我懂得克制,因此儿子在与人相处时也懂得克制。我对他的小错误能容忍,而他也从不提过分要求,似乎要什么都经过深思熟虑。我们不曾在这些问题上发生过任何冲突。他不讲究吃穿,甚至为此还遭到同学嘲笑。其实他读初中时,我就给他买过1200元一双的阿迪达斯运动鞋,但他不穿。那时他最少有四个MP3、一个MP4、两个以上的电子辞典,但他并不随身携带。我知道他是在克制。

1993年春节我们回老家过年，儿子一岁八个月，因为那时行路难，我母亲怕孙子在路上遭罪，就让我把孩子放在家里，等春运结束后再回家接。在一个天不亮的清晨，儿子还在梦乡里，我和太太悄悄离开了家，返回工作岗位。后来母亲对我讲，儿子一整天都郁郁寡欢，但也没有吵着要爸爸妈妈，甚至一直绝口不提。等我们风尘仆仆几经周折返回到自己家，一开门，我的岳父岳母已于前一天先行抵达。老人要看孩子，我只好隔一天又回家接孩子。回到老家儿子一见到我，话不断笑声也不断。当天晚上他抱着我一直闹到凌晨三点多，好不容易睡着了，只要我一翻身他就醒。第二天一直黏着我，晚上仍然不睡觉，我只好起床抱着他在房里来回走，一会儿他就睡着了。但只要一放在床上，他马上就惊醒，反复五六次才慢慢睡去。母亲对我说，原以为孩子不懂事，其实孩子是装的。那一刻，我突然体会到儿子曾经内心的挣扎与无助，一种未曾有过的酸楚至今难忘。也正是从这时起，与儿子相处，我会自觉地考虑儿子的感受。

　　儿子向善的性格几乎是天生的。有一次他匆忙跑回家说，他把玩具送给小朋友了，说着说着就哭了。我太太连忙说："没关系，送给小朋友是做好事。"儿子却说："我喜欢那玩具，舍不得送给小朋友。"我太太问："舍不得为什么送给人呢？"儿子说："小朋友喜欢，我不送怎么办？"那时他五岁左右。还有一次，我们都准备睡觉了，儿子突然跪到我们的床边上，哭着说他犯错误了。我不知道他在哪里学到用"跪"的方式承认错误，连忙把他拽起来。一问犯了什么错误，原来是几天前，邻居家大他几岁的小朋友带他到游戏厅去了一次。他仅是个看客，游戏机连摸都没有摸到，居然认为自己犯了大错误。经过几天的思想斗争终于"不打自招"，顺便还向我们揭发了那小朋友自吹经常到游戏厅打游戏的事。这事让我和太太笑了好几天。后来我多次要带儿子到游戏厅去看看，他总是不愿意，至今他高中都快毕业了，除了偶尔在家玩玩游戏，街头游戏厅从未去过，而那时他还没有上小学。

　　事实上，我们不知什么时候在孩子心中确立了一个价值标准，只要我们大人带头遵守，一以贯之，这个标准就能时刻发挥作用。上小学二年级的时候，有一次在上学的路上，他看到他们班的一位冯同学被父亲暴打，他气愤不已，非要到法院去告他同学的父亲，我们好不容易才劝止他。他生活在一个民主平等的家庭里，哪里知道中国的父母认为打孩子是天经地义的事。这冯同学确实调皮，后来在班级里被孤立，到小学快毕业时，班里几乎没有人愿意同他玩。一天，我儿子和他妈妈商量想请同学到家吃饭，我们以为他要请班里的好同学，哪知他要请冯同学，他说冯同学太孤独了，尽管他也讨厌他不好好学习甚至涉嫌"偷"过儿子的玩具。我们立刻同意。那天一大早，冯同学就欢天喜地地来到我们家，午饭后一直玩到傍晚才回去。后来我们才辗转得知，这件事不仅冯同学高兴了好久，冯同学的母亲甚至也觉得很荣光，那几天里逢人便说。因为我儿子是班里颇有知名度的好孩子。这是我能记起的儿子至今唯一一次请同学吃饭，而他从未参加过同学的生日聚会。

儿子四岁以前食欲很差，吃饭很让人操心，体质一般，虽无大病，但差不多每隔半个月都要因感冒发烧一次，但只要打两针就好，不曾打过点滴，直到十岁以后他才吊过水。儿子对打针的敏感也让我记忆犹新，他在五个月的时候第一次因发烧打针。从医院回来后我在他屁股蛋上比画了一下，他以为又要打针，立刻"哇"的一声哭起来。一岁以后，他完全明白了发烧是怎么回事，也明白了打针是最终的解决方式，他很不情愿但仍很配合，复杂的表情至今萦绕在我脑海中。

儿子生下来就是个夜猫子，晚上总是要到很晚才睡觉，经常是被我抱在怀里颠着睡着的，而且常常要反复几次。我的耐心为此多次受到我母亲和我太太的表扬，于是我越发积极主动。后来我们耗不过他，实在困了，就放音乐给他听，以此催眠。哪知道只要录音机一停他就叫，最长的时候他在黑暗中听了两个小时的音乐才睡着。我为此换了几次磁带，折腾得睡意全无。1994年春节，他不到三岁，我们一同看完春节联欢晚会，又看了一场电影，已到了凌晨两点多，他仍然精神十足。末了，我们要睡觉了，他赶忙给我拿来一摞报纸，还要让我看报纸。大年初一，我九点钟参加单位团拜活动，他当然睡到中午。

我没有对儿子发过火，倒是有一次被他气得跑出了家门。差不多也是1994年的深秋，我到幼儿园接他回家，半路上他吵着要到湖边去玩。因为已是傍晚，家里人等着我们吃饭，那时没有手机，我怕母亲和太太不明原因等着着急，再说是深秋，他穿的衣服不多，湖边风大，我就不同意。也许是那天他在幼儿园里碰到什么兴奋的事，可能还在兴头上，拼命吵着要去。我是坚决不从，他是坚决要去。但他太小，没有力量获得自由，被我两只胳膊箍在自行车大梁上的座凳上，胁迫着回到了家。到家以后还是吵个不停。我至今不明白当时是为了什么，一气之下，我一甩门就离开了家，在马路上转了半个多小时才回家。那晚儿子仿佛知道自己犯了什么错误，很是巴结我。我母亲悄悄批评我，还真是的，跟孩子生个什么气。事后我还居然写了一篇《何时潇洒走一回》的散文发表在报纸上。因为当时叶倩文唱的《潇洒走一回》正流行在大江南北，那时我可能因为感到事业与家庭的压力，自己不够"潇洒"。现在想来，真是可笑，甚至时有后悔，我为什么就不能遂他愿，带他去玩玩呢？

要天上的月亮，是发生在我儿子身上的一件真事。那是他一岁多的一个傍晚，我和太太抱着他出来玩，他还只能说简单的话。一出楼梯口，一弯新月格外惹人注目，儿子就使劲伸出他的小手指着月亮说"要"，开始我们还不明白，等我们明白了，我和太太都笑出了眼泪。儿子似茫然又似尴尬的表情我至今记得。我常想，要是天上的月亮、星星能摘下来，天下的父母多半都要上天去。我又想，我非但不能为儿子摘星揽月，甚至能做的非常有限。他在我工作的学校读书，我没有给他送过水，没有给他买过饭，倒是我值班的时候他经常给我买饭，而且是那样的快乐和自然。我对他的爱是无需用理智来保证的，而他也很懂事，使我对他的爱不至于降格为溺爱，这很使我感到欣慰。

现在有很多年轻的家长收集孩子的胎发，甚至有商家将其制成纪念毛笔，但我要问有多少人将孩子第一次剪下来的指甲留下来，恐怕就很少，而我现在还保留着我儿子出生一个多月后第一次剪下来的指甲，小到是那样的不可思议。我还保留了他换下来的绝大多数乳牙。我曾经幻想保留儿子所有用过的东西，后来觉得实在做不到，才将他用过的质量仍很好的衣服鞋帽童车玩具送给了人。

儿子小的时候我总是喜欢抱他，除非他不让我抱，事实上他很少让我抱，他总是喜欢奔跑，而且常常摔跤。儿子上初中以前，我每天总要把他抱起来一下，上初中以后，我逐渐觉得抱起来很吃力。由于经常出差，后来有很长一段时间我都没有抱过他。直到一天，我突然想起来要抱抱他，他已经高出我很多。他担心我闪着腰，不想让我抱，我执意要抱，只能勉强原地抱起来，而他却一把抱起我，在家里走了三圈，我挣都挣不脱。那会儿我笑出了眼泪。现在，我时常看着强壮的儿子发呆，那个曾被我抱着趴在我肩上小鸟依人似的吮着手指的小东西，终于长大了。

儿子小的时候，由于我太太上班比较远，担任班主任又比较忙，经常要带学生上晚自习，所以接送儿子的任务基本上由我承担，带他到办公室也是常有的事。儿子很乖，一支粉笔或一本书就能把他"钉"在那里。他经常和我一同参加会议，与一般小朋友不同，他从不乱跑，遵守秩序，自始至终听会，会后甚至能复述很多会议内容。他因此常常随我很晚才回家。1997年隆冬的一天傍晚，我主持开了一个会，快八点才带着他回家，雨夹雪，很冷。我才搬家到了一个四周无路的新建小区，"道路"极为泥泞，自行车无法骑行。他坐在车上，我推着。那年他刚上小学，六岁多。很快自行车的瓦盖里就塞满了泥，推行非常费力，虽然天气寒冷，脸如刀割，但浑身大汗，儿子似有感觉，非要下车走。我知道他根本走不好那样的路，而且又没有路灯。我装作轻松地说："没事。爸爸喜欢推着你。"还亲了亲他冰冷的小脸。我跟他开玩笑说："等你长大出国留学了，在世界的某一个地方还能想起今天晚上老爸推着你的事老爸就满足了。"儿子说："老爸，我都有点激动了耶。"微光中我分明看到了儿子一双大眼里噙满了泪花。我们就这样走了40分钟才回到了家。我很幸福，在过去的岁月里，我无数次似这般和儿子手拉手地走着。

现在我走在马路上、商场里、公园中，经常看到一些年轻的父母对孩子伸过来的手总是很厌烦，总是想办法甩脱拉着自己衣服拽着自己口袋的小手，甚至不惜哄骗、利诱和威胁。每每看到这样的情景，我总想走上前劝他们，握着孩子的手吧，孩子伸过来的小手恰是上天对我们的恩赐，我们有什么理由拒绝呢？有一天，等小手变为大手的时候，我们想握也握不住了，想握也很难握到了。回想一下，当我们为人父母后，我们何曾握过我们父母的手？

教育孩子的方式有多种，从不打骂能成功，动辄拳脚相加也能成功，反之亦然。但无论什么方式，成功的教育中必然少不了无私的爱。孩子出了问题，是大人在教育上出了问题，而不是"爱"出了问题。

紧紧握住孩子的手是上天赋予我们的责任，也是上天奖励给我们的快乐假期，而假期总有结束的时候。

希望你幸福快乐
——给儿子的信

之一

阿力：

但愿一觉能够驱散昨日弥漫在你心中的阴霾！昨天一共聊了两个多小时，妈妈和我希望能够借此帮助你减轻一点心理压力。考试未顺利通过，心里倍感压力，这是正常的，是有责任感的一种表现。爸妈愿意与你共同分担这份压力。事情远不至于到了无可收拾的糟糕程度，你不必一贯地苛求和无端地压迫自己。

选择生物工程与生物技术专业未必有错。人生第一次重要选择应该遵循自己的爱好。年轻就是本钱，有大量试错的机会，未来还可以重新选择。在高中文理分科的时候，我有过希望你读文科的想法。并非担心你学不好理科，而是觉得你读了很多的文学书籍，学文科有优势，同时多数文科专业学起来还是要轻松一些。但因为你想学理科，而且我也觉得文科在高考填报志愿和将来就业时，选择远少于理科，故没有太多干涉。事实证明你是对的，你一直学得不错。我坚信，未来你会在工作岗位上再次证明自己选择的正确；而且你所具备的人文社会科学知识会对你的发展起到更好的促进作用。

选择继续深造亦并无不妥之处。在高校应届毕业生人数达到700万、其中本科生人数超过 300 万的时候，拿一个硕士学位应该是明智的选择，在条件许可的情况下应当是不二选择。我的理解是，硕士阶段仍然是为将来从事科学研究和一般工作作准备，而其中大多数人还是要从事一般工作。不要说欧美，就是在中国台湾，也有相当多的幼儿园和小学教师拥有硕士学位，而中学则普遍拥有研究生学习经历。我们学校的青年教师几乎都是研究生毕业，且多为重点大学毕业。据我观察，他们的专业素养远不敷科学研究之用。学术素养固然可以在学习中养成一部分，但更多的还是要在工作中累积，一流科学家也不例外。所以，你现在还是要学习如何读书，学习做事和与人相处的基本方法，并非单纯养成学术素养。今天的学习并不会决定未来的就业，你不必将两者联系得过于紧密。

关于学习方法，我觉得你的问题还是出在对具体的知识缺乏精益求精的学习态度，掌握得不够深入透彻，在某种程度上抱有侥幸心理。在中学阶段，由于你兴趣广泛，数理化诸科你做的题较他人要少。熟能生巧，你不熟，就很难有巧。除非天资特别聪颖，否则，绝大多数考入一流大学的人，都是下了别人不曾下的功夫，吃了别人不曾吃过的苦。尽管很多时候别人表面上看来轻松自如，但暗地里一定在偷着学。很多优秀学生的制胜诀窍就是先学一步，然后带着问题听课，因此学习效率就高许多。你在本科阶段，就我在家里观察而言，你在专业上下的功夫是不够的。尤其在自学方面，很有局限，坦率地说，不如我当年。你的玩性比我大，我可以放弃读书以外的许多爱好，我有这个毅力。

我没有读过研究生，对研究生的教与学比较陌生。但我想，如果我要读研究生，我首先要将导师的著作通读完。课上讲的要学，课上不讲的也要学。我上大学时，老师发表文章和著书的不多。然而，但凡在某份报刊上看到认识的老师发表的文章我都要认真阅读。你现在还在上大课阶段，还没有跟某个具体的导师，但我觉得我讲的方法也许有些用处。除了一定要下功夫将课堂上学的内容弄通弄透，还要养成提前学习的习惯，同时要尽可能多地阅读相关著作。譬如，我读大学时，同样是《古代汉语》，我读过三套课本。读一套固无不可，但多读一套就会多一份收获。文理科自然有一定区别，但大道理不会有天壤之别。你可以反思一下，在专业课上花了多少时间，还有多少时间被你浪费掉了？你要相信，没有人可以随随便便成功。聪明人的聪明之处就是不浪费一点时间，绝不是不学就会的。

我的同事们认为我的记忆力很强，特别是记人和记数字，似乎是过目不忘。其实，并非记忆力超常，而是暗暗地下了一些别人不曾下、不愿下的功夫而已。譬如有一次，市普教室十几位教研员同时到我们学校，我基本上都是第一次见面。他们来之前，我先将教育局电话号码簿上的相关名单抄在一张"小抄"上，且根据性别归类。见面后逐一记住一个鲜明特征，不时悄悄拿出"小抄"对照、印证一下，等到吃饭的时候，我每个人都能喊出来。他们在吃惊之余觉得受到了很大的尊重。对学生和新来的老师我也是采取类似的办法。我在校园内问到一个学生叫什么名字，哪个班，我到办公室后往往要打开他们班的花名册，做个记号，将名字和人联系起来。以后哪怕远远地看到他，我就要回忆出他的名字；或者看到他的名字就要回忆一下这个人的长相。所以，我能认识很多学生。妈妈说我方位感强，开车到厦门岛不迷路。实际上，我去之前先看地图，确定方位和路线；回来后还要对照地图反思走过的路线。经常如此，自然很快就弄熟了。因为喜欢对照地图研究路线，所以我对北京和上海也很熟悉。总之，不下功夫不行。我观察那些"聪明人"，大多是用功的。从小用功，一辈子用功，自然就成为非同寻常的"聪明人"。

我的经验对你未必有直接的用处，但也许有一定的参考价值。你的天赋比我好，受到的教育也比我好，相信能悟出更好的方法。为今之计，一要坚定自己的选择，不要后悔；二要总结教训，集中精力，狠下功夫，迎头赶上；三要学会排解压力，学会宽慰自己；四要学会与老师和同学交流，要主动求得他人的帮助。办法和退路都有，爸妈并未苛求你。当今社会，学位固然重要，但学问和见识更重要。哪怕拿不到学位，这段经历对于你一辈子都是有益的。民国时期著名国学大师陈寅恪遍学欧美诸名校，不曾拿到一个学位，还不照样成为"大师"！而你，只要调整好心态，拿到学位能是什么难事？不必瞎担心！你从小想当好孩子，故于听多了好话的同时，抗挫折的能力也小了许多。其实，没有一个人一辈子不遭受到挫折和打击的。你现在要补上这一课！你的那些同学，那些中国同学，还有众多比你更年幼、独自在国外读书的小孩子，哪一个不是顶着压力的？上天从来都是垂青于那些具有毅力的人。

　　人的可塑性很大，坚强与懦弱往往取决于环境。爸爸幼年也是过着无忧无虑的生活，但自上大学始，往后几年就是连遭艰难。大一上学期回家过年，你爷爷癌症复发，那个年过得很灰暗；大一暑假陪着爷爷在医院；大二上学期回家过年，爷爷已不能进食，我每晚在爷爷床边拥炉而坐直至天明，哪里还有心情过年；大二下学期只过了一个月，爷爷去世。那以后，我就承担了同龄人不能承担的责任，从此变得坚强起来。大学毕业前夕，幸遇你妈妈，她不嫌我贫，此后一帆风顺。待你出世后，我们家就一天好似一天，如今人皆羡慕。你成长的环境和家庭条件远好于我，相信你一定比我有出息。眼前的一点小困难，要奋力战胜它！人一辈子不可能全是坦途，以后你也许还会遇到更大的困难，面临更大的挫折，你只能以百倍的勇气战胜它。为了你自己，也为了关心你的人，你要勇敢地迎接来自各方面的困难。爸妈爱你，理解你，也会支持你，你不妨大着胆子闯世界。你那么年轻，怕什么！

　　我44岁离开铁中来创建附中，其中艰难险阻难以尽述。在最艰难的时候，身心俱疲，为防不测，我甚至写好了遗书。尽管如此，我依然没有退却。为了妈妈和你，为了我自己，也为了同事和学生，我必须奋力向前。如今，学校终于初成一方名校，为别人所称道。这使我更坚信没有过不去的火焰山，只要努力，前途会更好。现在，我很坦然，我觉得我对得起所有的人，也对得起自己。我很满意，也很满足，我感到很幸福。我依然在拼命工作，但我一点都不想成名成家，我觉得这就是生活。因为多种因素的影响，我的生活轨迹就是这样，换一种亦未尝不可。别想得太远，过好每一天，车到山前必有路。

　　总是回想你的笑脸。爸妈祝你每天快乐！

爸书于马年新正初七日

之二

阿力：

　　想想还是给你写封信，便于你经常翻看。早晨到办公室，看文件，批转文件，签报销单，直到近10点的此时才有空。暂且用公家的时间办点私事，好在更多的时候我是用私人时间办公家的事。

　　凌晨聊了两个小时，可能是最长的一次。但愿你的情绪因此能得到一些缓解。我们父子还是有些心灵感应的。昨晚我11点10分熄灯，本来入睡很快的我，居然翻来覆去睡不着。其间上了两次厕所。听到微信的声音，我就怀疑是你的。一看，果然。我猜你一定遇到了难处，哪里还能睡着？妈妈这两天感冒，睡得早。本不想惊动她，但哪里瞒得住她呢？她也跟着就起床了。

　　我们知道也理解你所承受的压力，但我们真的希望你卸掉或者尽可能减轻这个压力。坦率地说，爸妈主观上没有给你施加压力。而且一直如此。因为你已经成人，而你又很要强，于是自加压力。我们发自内心希望你幸福快乐，哪怕糊涂一点也好。当然，幸福快乐要立足长远，需要一定的基础，所以我们也支持你努力奋斗，趁着好读书的年龄深造一下。深造要尽己所能，不必强求。每当看到你痛苦、自责甚至产生自虐念头的时候，我也很不好受。在无止境的痛苦和放弃之间，我当然选择"放弃"。这个想法很理性，绝无半点生气的意思。当听到你说恨不得要用毒品来缓解痛苦的时候，我的心脏很痛，差点支持不住。虽然我知道这是你的愤激之语，但我无法不担心。那一刻，我很想立刻跑过去，或者让你赶快回来。如果诚如你所言，则此番留学，不仅害了你，也害了我们。一切都变得毫无意义，甚至爱也许会因此转化为恨。这又何必且道理何在呢？人一辈子不免犯错误，但所有令人无法回头的错误绝不可犯。这是要切记的！

　　现在所遇之事难道有什么突然的吗？此前我们不是谈过吗？不是有心理准备吗？不过是担心的事终于来到而已。道理这里不想再说，你看看前封信即可。为今之计，上策仍是直面困难，坚持下去。延修、延毕是一件正常不过的事，为何执着到不肯松一点手？那些半工半读的人，有许多人很多年才拿到学位。我们学校也有两位同事，一位迟半年才拿到硕士学位；一位工作快两年，到现在还没有拿到硕士学位，还是按本科毕业定的工资待遇。都是厦大毕业的。道理说到这里，还担心什么呢？且过分的担心有意义吗？爸妈也属中人，比下有点余，比上很不足。我们虽然一直努力，但从不强求自己。因为不能得到的必定是强求不来的。人家两年修完，我们用三年。我相信只要调整好心态，对于你，这不会是达不到的目标。即使拿不到学位，用三年时间从另一个角度认识自己、认识世界，同样也是有收获的。那时，你不过才25岁，即使一切从零开始也依然不迟。你已成人，我不想淡化你的责任感和使命感，你该承担的责任一定要承担。虽然我从未批评过你，但我自己不承认是溺爱，因为我向来觉得对未成年的孩子发火是毫无道理的。不独对你，对学生也一样。你将满23周岁，应该能够正确地看待人生、社会，要学会面对困难，要努力提高克服危机的能力。在爸妈面前可以哭，但擦干眼泪后要轻松上阵。还未到"绝境"，不要轻言放弃！事情已经摆在那里，能做的、可以做的也非常明确，我们何妨按新的计划从容应对！

当然，有些问题还是要与你探讨。譬如自轻自贱的问题。什么"不算人""最差的"等，不仅不符合事实，而且说起来也毫无意义。又如对学习、考试的恐惧心理问题，这些都是缘于你急于成功的心理。那两门课的问题，原因是多方面的，要总结教训。再如对环境和当地人的不满意等，我以为多少还是有一点没有找准自己的角色所致。还如"过的是猪一样的生活""跟坐牢一样"等，其实生活的常态就是这样。爸妈的生活何尝不如此？那些成天飞行在世界各地的国家领导人又何尝不如此？你现在正当用功读书的时候，怎么可能不苦呢？没有人能够随随便便成功！即使智力超群，若要保持领先地位，也必定要有超常的付出。要定位好这两年的生活状态，要相信多数人都是这样。胡适幼年自绩溪到上海读书，有一段时间过于刻苦以致耳聋。即便如此，他也没有退却。他到美国留学，先学农科，后改文科。我们无须比拟伟人，不过是重新认识"读书苦"的古话而已。两三年的时间一晃就过去了。而当我们认识到了生活的真谛后，其实所谓的"苦"也就不苦了。

"放弃"并非不可，"放弃"也是一种选择。只要你想好了，我们也尊重你。显然，放弃不一定是摆脱痛苦的最好办法。你必须朝远处想，想周全了。只要能够痛下决心，义无反顾，放弃，不见得是最坏的选择。人，没有不爱面子的，但想开了也就那么回事。大家顾自己还顾不过来呢，哪里有心思、有精力管别人的事？"面子"，终归是自己给自己设的心锁，想开了，"锁"也就开了。时间是最好的健忘剂，只要自己不为难自己，前途总是光明的。你已有"985"重点大学的双学位，有到美国和欧洲的经历，找一份不错的工作并不难，关键是你自己不见得甘心。工作是迟早的事，而深造的机会今后虽然也有，但未必还有如此好的机会。你靠自己的努力获得了很多人得不到的机会，轻言放弃，岂非可惜。所以，不妨等等再说，不差一年两年。

两个多月以来，我们的心情随着你的脸色而起伏，但我们坦然接受。命中注定，该操的心迟早要操。中国的家长多如此，我们也未觉得特别。韵馨建议你不告诉我们你所遇到的困难，自是孝心的表现；但我们更愿意你随时倾诉出来。你从小与我们无话不谈，这是很让我们自感安慰的一点，希望能够一直如此。在爸妈面前尽情倾诉和发泄出来，对身体和心理的健康都有好处。你不要怀疑自己有什么特别的心理问题。严格地讲，每个人都有心理问题。而短期的较严重的心理问题更是普遍。没有摊上事，谁都会心情平静；摊上"大事"，谁的心情能平静得了？关键看谁能够自控。只要能够自控，其实就不算是什么问题。

不要担心我们。虽然你的心情无法不让我们焦心，但我们知道保重自己对于你以及外婆外公奶奶和我们自己的重要。我们是知道轻重的。你不妨糊涂一点，好好规划一下后面两年的生活，千万不要折磨自己。你的学业成绩要靠自己提高，信心也要靠自己去找。要正面迎接困难，要用可靠的办法克服困难。饮鸩止渴是不足取的。内心真正强大的人是无须借助于自虐和自我放纵来释放压力的，应该可以通过内心的调整解决一切问题。

爸妈相信你能够做到！

　　期待你假期回家！爸妈会拿出尽可能多的时间陪你的。你长大了，终究要从家里"飞"出去。今后与我们朝夕相处的日子，算起来并不多，我们很珍惜。今天是妈妈的生日。明天，妈妈也进入了人生的第50个年轮。爸妈多想永远年轻！让我们一起祝福妈妈生日快乐！也祈祷我们全家幸福快乐！

　　如果你愿意，此信以及2月6日的信也可以发给韵馨看，以便于你们交流看法。

爸爸
2014年4月3日

读书的故事

我印象里,在走进学校之前,我没有读过书,包括装模作样。我至今还记得我是带着对学校的恐惧去上学的。我的一位学长,在我即将进入小学的时候,告诉我即将见到的校长是"牙齿里都长毛的恶魔",尽管后来经过我反复观察,没有看到他牙齿里长毛,但从表面看上去校长确实很严肃。这位学长是因为自己曾经在放学的路上给校长葬了个坟并与其他几位同学在那里故作号啕大哭时恰被校长发现,他们四散而去,校长追到他,将他的书包撕掉了,于是他就给我编了校长的故事。虽然不久我就知道这故事是假的,但让我在刚进校门的时候便养成了在老师面前紧张的毛病,这在很大程度上影响了我的读书效率。有一个例子很能说明我在校长面前的紧张情状,那是在我小学三年级的一次全校性活动中,校长让我做司仪,活动流程已经用红纸写好贴在礼堂边的墙上,校长亲自用毛笔写的。结果我紧张到一口气将写好的程序读到快结束,在校长的制止下我才停下来,闹了一个很大的笑话。四年级以后,我多次参加了文艺演出、赛诗会、故事会,紧张的毛病才稍有改变。

我能记起来的读的第一本书是小学一年级的教科书,语文书的前三课分别是:《毛主席万岁!》《中国共产党万岁!》《中华人民共和国万岁!》。接着是几十页的汉语拼音,老师不会,我们也就跳过去没学。我读的最早的课外书是样板戏的连环画,都是借的。我拥有的第一本连环画是反映亚非拉人民手拉手的《友谊的乐章》,大部分画面我至今记得,因为看了无数遍。中共九大、十大的文件汇编，我也看了很多遍，以至于中央委员我都会背下来。我在小学阶段还看了《毛泽东选集》的大部分，好像一点儿也不懂。还看了我父亲当时有的《共产党宣言》《哥达纲领批判》《路德维希·费尔巴哈和德国古典哲学的终结》《国家与革命》等几本书，上面还有我的少量批语，至今我还保留着。我可以断定当时我完全看不懂，甚至我父亲也看不懂。他只读过两年书，完全靠自学，虽然也可以写长文章，但错别字连篇。这些书都是他参加各种学习班时发的。今天想来，我之所以读这些书，完全因为无书可读。初中以后我偶尔可以读到《安徽日报》，对"黄山副刊"印象很深，上面的文章都要读很多遍。进入高中，我才第一次接触杂志，好像是《人民教育》，其中有一篇介绍西安交通大学的文章，使我对这所学校至今有好感。

　　整个中小学阶段，除课本和连环画外，我没有买过真正的书。离我家不远处有一家日用百货店，里面也有几本书卖，大多是植保方面的。有一本《天文普及者》的小 32 开科普读物，定价四毛七分钱，那几年里我曾在柜台前徘徊过十数次，就是没钱买或者没舍得花钱买。至今想起来，心中还隐隐作痛。后来想买，怎么也买不到。我最早读的小说大概是《秦英征西》《罗通扫北》之类，统统是残本，有的恐怕只有原书的三分之一。越是没有结尾的小说越是能撩拨我的好奇心，这使我对侠义类小说非常感兴趣。我曾帮别人干活以便能听到主人讲《说唐》的故事，后来我又花了很长一段时间走村串户听乡村说书的讲《说唐》。我那时已可以靠给别人讲故事而免背书包，因为只要我讲故事，就会有人争先恐后地给我背书包。正因如此，我特别希望有一本《说唐》，我把它背下来，讲给别人听，或者就做个说书人也好。大一的时候，我在书店里看到了长江文艺出版社出版的《说唐》，我毫不犹豫地买了下来。此后我也很有兴趣地看了两遍，但已没有了当时的激情。后来我把它隆重推荐给我儿子看，儿子甚至觉得有些莫名其妙。这也难怪，今昔的文化环境实在有天壤之别。

　　比较多的接触诗歌的时候，我可能已上了高中，或者是初三的最后阶段。我的一位亲戚，从合肥找人给我买了一本第一版的《天安门诗抄》，这本书我至今保存。虽然我此前已向农民伯伯学过写诗并和他们一起参加了赛诗会，但直到此时我才体会到诗歌的力量。现代小说我最早读的是《苦菜花》，也是残本，无头无尾，上来就是第98页，后面到底还有多少页也搞不清。后来还看过《烈火金刚》等书，全是残本。我读到的完整的现代小说是张扬的《第二次握手》，那时我已上高一，书是同学的，我借来一晚上看完。当时感到非常有意思，后来看了谢芳和康泰主演的电影觉得一点意思没有。看的完整的古典小说，是初中时看的《水浒传》，扉页上有毛主席语录。接着看了《西游记》《三国演义》。高一时看《红楼梦》，前三回就让我看不进去，只好作罢。残本的外国小说是我在舅舅家拿的一本厚书，书名怪怪的，我现在已记不住了。我读了几年都没有读进去。全本的外国小说是我高中时看的《安徒生童话选》，也是借同学的，我一口气读完，记得特别牢，虽然至今已有30年了，里面篇目的排序我还基本说得清。

我第一次自己花钱买的杂志是《小说月报》，到大学报到时在合肥火车站等车的时候买的。其中的作者后来几乎都成了名家。这本《小说月报》估计还保存在我床底下的纸箱内。我第一次自己花钱买的小说是鲁迅的作品集，全是打折的。那时我刚上大学，花了两块钱不到，在学校门口的书店里，买了包括《呐喊》《彷徨》《且介亭杂文》等书在内的差不多十本，至今保存。我自己买的不打折的长篇小说是《红楼梦》，四本，三块四毛五分钱，至今收藏。

我看的次数最多的小说是《红楼梦》，从1980年至1984年大学期间我完整地看了12遍。大多数回目和绝大多数诗我都会背，几乎所有的细节我都了解并能很快在书中找到。那时我是我们年级有名的"红学家"。之所以看这么多遍，是因为我在初读《红楼梦》时发现其中的时代发展与人物成长、年龄增长的错位和不同步，我仿佛哥伦布发现了新大陆。我看了很多红学著作，对原著反复研读并做了大量的笔记，正当我感到十拿九稳准备写一篇惊世之文时，我读到了周汝昌的《红楼梦新证》，一看傻眼了，周氏已做了这方面研究，我做的工作顿时失去了意义。到此时，我已精读了八遍《红楼梦》。失之东隅，收之桑榆，我在阅读"红学"著作时，研究过很多"红学"流派，对其中的"索隐派"非常感兴趣，对出现"索隐派"感到不可思议，于是继续研究，最后写了一篇一万五千字的论文《"索隐派"探源》。这也是我的毕业论文。为了写好这篇论文，《红楼梦》我又看了四遍。遗憾的是工作以后我再也没有看过。现在我非常害怕我的老同学拿《红楼梦》考我，因为我所知已不多。这以后，我深切地体会到了带着问题看书的好处，这也是我至今每有所读必有所获的原因。

我拥有版本最多的书是《论语》，可能有十个。最小最简洁的是一本手掌书，开本比我的手掌还小，放在我随身带的背包里，专门解决等在哪里无事可干发呆的问题。

我看得最细致的书还是《文心雕龙》，我逐字逐句研读，做了很多笔记。此书不好懂，当时懂了过后就忘，我不得不经常翻看。我之所以对这本行文艰涩的书感兴趣是因为我不能理解，在南北朝时期，中国竟然出现了这么系统的文学理论著作，我想看看此后的一千五百年，中国的文艺理论家都干了些什么。我的微薄心得竟然曾使我胆大到应一位领导的安排给一班宣传工作者搞起了《文心雕龙》的专题讲座，现在想起来都后怕。

最有盛名而又最让我看不进去的书是爱尔兰作家詹姆斯·乔伊斯的《尤利西斯》和霍金的《时间简史》。这两本书照道理说是我能看懂的，与我的专业储备并无冲突，但就是看不进去。这两种书我都有。其中《尤利西斯》为1998年全球读者投票评选的20世纪小说类第一名，看不懂它，对我的自信心是个不小的打击。

非常偶然发现而又对我影响很大的书是一本由江西高等教育出版社出版的《发展心理学》，开本老旧，印刷质量一般，大约是上个世纪80年代后期在哪个地摊上买的。1990年夏天我偶然翻看，我的一些教育理念问题从中找到了解答。后来我写了一篇《从发展心理学谈中学语文教学的简化》的文章，产生了一点影响。我自认为这是自己的一篇重要论文。但如果没有那本书，我可能写不出这篇论文。

因读书而"窃"书的事也有一起，大一的时候，有一位同学帮老师做报纸信件的收发,有一天,有一个寄给中文系资料室的邮件破损,里面有两本书——《人生珍言录》,河南大学中文系编的,作为交流寄来的。那位同学很大方地送我一本,他自己也拿一本,无第三人知晓。这本书至今还在我家里,我要想用点名人名言励志的话还不时翻看。扉页上有一颗红印——"河南大学中文系资料室赠"。今年我到开封经过河南大学时,心里还在想,他们哪里知道当年还有一起明珠投暗的事。

读书的故事可能说不完,一边想一边写一边忘,都是琐碎无趣的。

现在,我已有能力购买足够自己看的书,但喧嚣的生活和浮躁的心态,使我看书越来越少。买书为了看逐渐衍变成为了藏,而我又不可能成为藏书家,而且我向来不以此为己任,没有丝毫的兴趣。阅读的幸福全在读——哪怕是在昏暗的光线下读着看不懂的残卷——与藏书多少没有关系。

我的理想是当个快乐的技术工人

我从小就是技术崇拜者，对机器甚至一切机械装置都非常感兴趣，对工人尤其是机器操纵者一概由衷地尊敬，因此模仿开汽车、开飞机、照相之类的游戏是我儿时最主要的功课。直到现在，关于机械方面的书报杂志我仍然喜欢阅读，各种机械和电子产品的说明书及评论文章我都百读不厌。然而我一直没有做工人的机会，小学、中学、大学，当了教师，成了所谓的国家干部，似乎再也没有理由去当一个工人，尤其是能与机器直接打交道的工人。然而一直不能够的原因是，既缺少宽容的环境，自身也缺乏足够的勇气。

在学历至上的时代，普通工人的社会价值被严重忽视。大学毕业生通常不可能再到一线当真正的工人。即使到了一线，虽然手不能提肩不能扛，尽管机器的工作原理说起来一套一套的，然而就是不会解决实际问题。长期以来，大学毕业生就是干部身份，而工人再优秀还是个工人，转干非常困难，最多叫作以工代干。其实，学历与岗位、职位、身份没有一点关系。高中学历的人可以当工人，大学毕业的人也应当可以当工人。不得不承认这样一个事实：千军万马争过高考这座独木桥，一年过不了两年，不复读个七八年不会善罢甘休。被这样的细网一网罗，本来能成为优秀工人的人也稀里糊涂地上了大学，一生从事着他不爱好、不擅长也很难取得成就的工作。由于长期以来对大学毕业生就业的错误定位，很多工科毕业的学生缺乏一线生产知识。没有在生产一线摔打过，要想创造性地工作非常难，而生产一线又非常缺少熟练的技术工人，生产工艺水平因此不易提高，生产质量较低。

单位的基建和家庭房屋装修的质量让我深感大力加强职业教育、更多地培养技术工人的必要。现在的问题是，一线普通工人岗前没有经过任何培训，上岗后老板为了节约成本，也很少对工人进行岗位培训，而职业教育的投入又严重不足，教育质量低下，培训效果不显著，于是工人的技能培训进入了恶性循环。更为重要的是，职业教育不仅要培养技能，更要培养态度，实事求是的态度、尊重万物的态度、一丝不苟的态度等。生产工艺和生产质量上的很多瑕疵是劳动态度、工作态度不严谨导致的。水管被堵、化粪池不通、漏水漏气、开关歪斜、墙壁不平、油漆不匀、瓷砖不齐等主要与工作态度不良有关。现在的建筑工人多半没有经过严格的培训，建筑公司基本不养固定的工人，有项目就招人，项目结束后就走人。临时救急，昨天还在田里插秧的人今天就可以成为瓦工、木工、油漆工、架子工甚至水暖电工，堂而皇之地进入到各个大型建筑工地。哪样需要就干哪样，能不出问题吗？由于监管不到位，质量上的差异往往被忽略，保证质量所付出的努力得不到尊重。从降低成本考虑，生产单位当然不愿意用专业人员。

我很赞成朱清时院士的观点，大学扩招主要让高职院校扩招。而近十年的扩招更多地集中在本科院校，大量的专科学校升为本科，简单重复，缺少特点。以中国目前的国力，是否需要建那么多的"世界一流的研究型大学"？"985工程"大学近40所，连有些"211工程"大学，都在喊着要建设"世界一流的研究型大学"，到底能建成几所？我看我们先集中精力建设五到十所就足够了，不要说能得诺贝尔奖，能有五所世界排名前50、十所排名前100的就行了。发展中国的高等教育一定要结合中国国情，获不获得诺贝尔奖根本不是主要的。国强民富要相得益彰，花太多的钱去攻诺贝尔奖完全没有必要，不如大力扶持职业教育。

前两年已有大学生回炉到技校学实用技术，我相信要不了多久，中国人的人才观要发生革命性的变化。人才，人才，我们既要有"天生我材必有用"的自信，也要对人才保持必要的"膜拜"。既然是"人才难得"，可见未必是个人就是"才"。我就想当个技术工人，能解决问题的工人，能在劳动中得到幸福快乐的工人，而不是什么"人才"。照我看，"人才"与否，估计很难有固定的答案，那种用学历简单机械地划分人才与否的时代已经一去不复返了。

只有一部分人能够很幸运地将自己的性格优势、爱好、突出智慧与所从事的工作结合在一起，他们就比较容易成功。我不属于这"一部分人"，因此我只能做一个非常普通的人，做一个幸福的平凡人。

倘若我现在可以不需要现在这份工作而衣食无忧，可以做我真正愿意做的事，我一定努力去做一名技术工人。并非教师这个职业不高尚，也没什么不好，只是我觉得做自己的事相对单纯，而教化人总是一件很啰唆而未必讨好的事。

我们这代人也许真的很幸运

与儿子聊天,时常会说到我自己的童年和学生时代的生活,还会经常讨论今天的大学、大学生、大学老师和大学的课堂。在儿子看来,我们这些80年代初的大学生是最幸运的一代,就大学生活而言,那是全社会功利心极淡薄读书最认真的时代。生在50年代的人,三年困难时期,"文化大革命",上山下乡,回城待业,企业改制,下岗失业,房改、医改、养老改革,等等,都让他们赶上了。80后90后们大多没有直接感受到物质匮乏的滋味,那些生于中产阶级以及更优裕一点家庭的孩子甚至不能想象吃不饱穿不暖还能活下去。

我以为我们这代人的运气主要好在读书上。我以为这简直是历史的巧合,甚至大胆推测这代人里不久的将来会诞生出旷世之才。他们现在还蛰伏在各个领域,一飞冲天的日子注定要到来。

晚清以降直至中华人民共和国成立,是战乱频仍的年代,虽英雄辈出,但百姓身处水深火热中,民智未启,愚昧无知者乃绝大多数。便是1930年代、1940年代出生的学人,从新中国成立直至"文化大革命"结束,在求学和人生发展的黄金阶段,他们的思想是不开放的,精神是压抑的,物质财富的获得也是不丰富的。这一代人的才智光辉未能大放异彩,殊为可惜。

1960年代尤其是年代之初出生者,初中以前多为"放养",基本未受到学校以及教育的禁锢,未受到应试教育的束缚。政治上的荒唐和意识形态里的斗争,因为我们还小的缘故,根本不知道是怎么回事。无知者无畏，因言获罪的恐惧对我们起不到震慑作用。而等我们知道后怕时，历史已开启了新的时代。我们从蒙昧无知时开始"玩"，一直玩到十四五岁，虽然也要背着书包上学，但每天在学校不超过五个小时，学的知识总是那么简单，回家又不需要写作业。虽然不时也要受到"不读书会如何如何"的警告，但因为本来也没什么书读，又没有升学考试，所以学得好的学得不好的一概没什么压力。高中以前，我们既不知道"为中华崛起而读书"，也不知道为光宗耀祖而读书。所以，无论政治上还是伦理上，我们都没有什么包袱。能悟到"学"的趣味的就多学点，学而无趣的就少学点或者干脆不学。反正"生有涯而知无涯"，学问再高仍近于"无知"，五十步与百步而已。所以，我们在少年时代，虽然确知一定"学"了什么，但真的不知道到底"学"了什么。

到了高中，高校招生制度恢复了，我们开始知道大学还要考。那时，教材很薄，内容很简单，课后练习没几道，教辅材料根本没听说过，教师也没有什么参考资料，讲义要用铁笔刻写在蜡纸上，油印机还是手推的。所以，我是没有做过几张习题就去参加高考的，整个高中时代的讲义不超过20张。老师大多照本宣科，讲着讲着，发现我们不太懂，干脆让我们自己看。历史、地理根本没学过，10本教材，老师蜻蜓点水挂一漏万地讲了几节课，剩下就是自学。那时，老师也很潇洒，上个自习还要人看？简直是笑话。所以我们高中两年，住在学校里的班主任到教室里"看望"我们的次数不超过三次，时间加在一起不超过20分钟。没有网络，没有电视，甚至没有报纸，直到现在我也搞不清那时老师们晚上都干什么。至于校本研修、继续教育、课题研究、岗位比武，似乎也没有。同行们也没有什么好比的，横竖一年考不上几个本科生，费什么事呢？

1979年年底，高二上学期期末考试，天气非常寒冷，下午语文考试之前，校长给我一份《文汇报》，说上面有一篇文章写得不错，让我看看。那是王通讯和雷祯孝合写的《试论人才成功的内在因素》，从《人民教育》转载过来的，差不多一整版，我一口气读完，热血沸腾。因为特别喜欢，当时几乎到了过目不忘的程度。我在随后的考试作文当中引用了很多上面的句子，很让语文老师刮目相看，因为他不知道有这篇文章。文章中提出了"自我设计"的理论，虽然受到质疑和批判，但似乎触动了我思想深处的某一根弦，我突然意识到要做一个"有方向"的人。恰在此时，清华大学化学工程系1977级2班的35名同学在一场自发组织的讨论中，提出"从我做起，从现在做起，为社会主义现代化事业多作贡献"的行动口号。这句口号成为一个时代青年精神的象征。在这样的精神准备中，我上了大学。

80年代初，具有一切百废待兴的时代的主要特征，思想解放，各种思潮犹如泉涌，文学艺术百花齐放，思想领域百家争鸣。阅读无禁区，我们读了很多曾经被认为是精神鸦片和"大毒草"的古今中外的经典著作。起初，惊魂未定的老师们似乎还很保守，我清楚地记得，教我们外国文学的谷祥云老师带我们在学校电影放映室里看《红与黑》还是十分小心谨慎的，看完后还引导我们批判了一番。那时的我们，对知识真可谓如饥似渴。我也逃过一两次课，理由只有一个，我认为我想看的书比老师上的课还重要。我们读书只因为喜欢，觉得是一种享受，获得精神的享受和思想的启迪，没有想过读这些书将来有什么用。我有一个同学，一上大学就大量阅读黑格尔的著作，后来又读了很多那一时代的哲学著作，他确信短期内有把握推翻马克思主义哲学，甚至不惜休学一年闭门著文。虽因无果而受到嘲笑，但拼劲可嘉。对门外汉而言，哲学家和疯子本来区别就不大。回顾大学四年，确实是看了一些书，读书读得很"香"，不需要英语考级，不需要考取各类证书包括教师资格证，不需要发CN论文，更不需要SCI。最根本的一点，不需要操心就业，自然不需要包装自己、四处投递应聘材料南北东西"仓皇逃窜"。

每一代人有每一代人的烦恼。我们要理解今天的年轻人，不要认为有饭吃就应该心甘情愿地接受训斥，他们也有太多的不易。然而生活已然如此，怎样在适应的同时还能保持"本我"呢？在拥有网络时代的"迅疾"时我们还能保持一份优雅吗？在沟通无比便捷时我们还能真诚地交流吗？在世界"变小"时我们如何使内心"变大"呢？我们还能从容阅读吗？

我们这一代到底幸运在哪里呢？可能是我们恰好生活在时光隧道的某个罅隙中，可以不被打扰地欣赏和享受生活。因此，我们有什么理由不热爱生活呢？

送我情如岭上云

昨天傍晚收到一条短信："'不是逢人苦誉君，亦狂亦侠亦温文。照人胆似秦时月，送我情如岭上云。'——录龚自珍《已亥杂诗》赠姚校长"。此诗是清代诗人龚自珍《已亥杂诗》的第28首，这是赞美诗人黄蓉石人格的一首诗。翻译过来就是：不是我每逢遇到人的时候就竭力地赞誉你，你实在是又狂放又侠义又温文尔雅。示人以肝胆就像秦时的明月那么亮，送给我的友情又像山岭上的白云那么多。看到这条短信我非常惶恐。发给我短信的是我的一位前辈同事，如果我没有记错的话，他是1995年退休，2010年已是75岁高龄。每年的春节我都要给他打电话拜年，但也有好多次未等我打过去他就先打过来了，后来我只好把给他拜年的电话提前到除夕的早晨。不久前我间接得知他的身体有恙，立即给他家打电话，但打了几次都无人接，我不知道他有手机。9月26日我在台湾接到一条问候的短信，署名不详，而当时我的手机信号有些问题，过后就没有回复，现在才知道那是他发给我的短信。昨天中午，我接到他用手机打来的电话，第一句话就是："可打通了，真是想你了。"这第一句就让我热泪盈眶。我忘了告诉他我换了手机号码，使得他四处打听才找到我的新号码。

老先生是山东人，比我母亲还大几岁，是我的父辈，他的长子与我同年，我工作的时候他就是我们学校的权威，名盛一方，是真正的老师。那一批老教师的精神和心境让我佩服也让我向往。他非常谦虚，从不直呼年轻教师的名字，无论多年轻一律称为"某老师"。他对我帮助很大，这倒不是说他对我教学上有多少直接的教导，虽然他确实听过我很多课也有过直接指教。老先生曾送我巴金的《随想录》，退休时还专门挑了一本古诗词集送给我，扉页上工整地写着："好书赠于识家。"可惜我没有深入研究。我一直认为，他，以及那一批老教师对我的信任和期待是我努力工作的动力之一。我是学校里"文化大革命"后第一批进校的本科生，是首批三个本科生之一。在很长一段时间，我是组里不多的年轻教师之一，因此倍受老教师的关心。

80年代初，百废待兴，知识和知识分子首先被关注。报纸、电视上到处都是知识竞赛，很多好学的老师迫切希望把被"文化大革命"耽误掉的大好时光补回来，往往见到题就做，见到讲座就听。一位学工科的老教师（其实当时他才40岁，但我那时以为他很老），北京人，很有文学功底，他母亲在外交部供职，她誊录的外交文书时常呈送给周总理。此人兴趣广泛，很喜欢参加各类知识竞赛，承蒙他高看，我经常应邀与他一起做题。因为做了一些在他看来比较难的题，他就对我刮目相看，逢人便夸奖我，说我有学问。因为我一向自感浅薄，所以比较低调，更不敢卖弄，似乎有些高深，使别人错认为我有水平，其实我自己最清楚。因为时代的原因，我被老教师们错认为是有真才实学的，口口相传，结果大多数同事对我比较认可，甚至对我可能存在的错误都比较宽容，我因此获得很多机会并得到过很多帮助。

我与很多退休教师都保持着联系，他们当中很多人与我共事时间都不长，更多的人没有在一个年级或一个组里任过课，应该说工作期间直接交往不多，而他们都很厚爱我。1997年年底，我搬到一个新建小区住，路还没有修好，冬天雨雪多，胶鞋是我们的"最爱"，一位退休的老教师竟然送我一双质地优良的高筒胶靴。2007年9月3日，星期一，新学期开学的第一天，我故意挑选的一个日子，在大约升旗的时刻，我离家到附中上任，我只想悄悄地离开，但老校长（我的前任）和他的夫人（也是我最尊敬的一位同事，那时他们都已退休）赶到我居住的小区和我话别。那一刻，太太已上班，送别我的一共四人：老校长和他夫人、原单位办公室主任和驾驶员。我从南京直飞厦门，一路感慨，内心一直不能平静。事后很多同事都怪我不打招呼，甚至还放烟幕弹搞突然袭击，感动之余我倍感温暖。2009年我搬家，也是悄无声息的，老书记也是在半年后才知道我太太已经调过来了，我心里一直惦记着这些老领导老同事，只是觉得离别是必然的事，不想把过程搞得太复杂。那年我在上海挂职，一位老领导把我请到他家里，他亲自下厨。这年月，只有什么样的客人才能在家里招待？真是让我感动。那些住在北京、上海、深圳等地的老同事，主动告诉我联系方式，邀请我去玩。虽然我不太可能去麻烦他们，但内心确实有一种幸福感。7月份，我在华东师范大学学习期间抽空去看望老校长，8月份，他们老两口到厦门来看我。我觉得，有人惦记你和有人让你惦记着正是幸福所在。

  一个人的成长离不开别人的关心和帮助，其中，我们的前辈对我们的关心最真诚，帮助最无私。我们不可能一一回报，只能把更多的关心和帮助奉献给今天的年轻人和那些需要我们关心和帮助的人。我本人完全没有资格接受龚自珍的那首诗，但我愿意把这首诗送给所有关心和帮助我的同事们、朋友们。

本心原是羡老庄

汤华泉老师是我的大学老师,他是"文化大革命"后首届毕业的研究生,教授我们唐宋文学,为时一年。他的学问和治学精神影响了一代代学生,是我们同学中公认的让人记忆最深刻的老师,也是我们这一届同学与其联系保持最多的老师之一。师生情谊深厚如我们与汤师者不独今日少有,就是人心淳朴之当年也不多见。唐宋文学一科我们基本上是在阶梯教室上大课,112位学生,很多老师叫不出学生的姓名。我们那一届,多年后的今天,汤师仍能记得大多数同学的姓名,虽然绝大多数人毕业后师生未能再见。其实,不仅我们这一届,在交往中我了解到,他对他教过的学生保持了总体惊人的熟悉程度。这种"熟悉"实为罕见,绝非记忆力超人所能解释。汤师上课是无需点名的,他同时是我们大学时代对学生要求最严格的老师之一,但没有学生逃他的课,因为上他的课是一种享受。读书期间,我好几次登门求教,甚至借用过他新买的自行车。毕业后,我们仍有书信往来。后来,我妻子也做了他的学生。正因为汤师的帮助,我们才得以避免分居之苦。

1991年10月23日,他到我家,正逢我儿子五周月,他特意挑选了一个大不倒翁送给我儿子,并即兴作《不倒翁歌》:"不倒翁,不倒翁,乐呵呵,笑融融,伴我春夏与秋冬。不倒翁,不倒翁,无得失,顺穷通,风云变幻自从容。不倒翁,不倒翁,不向西,不向东,自立自强天地中。"其时,他在安徽大学图书馆做研究工作并担任领导。我曾去他工作的古籍部拜访，他很自足地告诉我他是"20万册主人"，那些尘封多年的线装书终于遇到了识家。汤师不古板，但能坐冷板凳，所以能做大学问。后来，他又回中文系做教授带研究生，我也因为杂务渐多又分处两个城市，怕打扰他，见面日少只是偶尔打个电话问候。2009年汤师才真正退休，但退而不休，仍在继续他的研究工作，业余时间指导老年朋友作诗，生活充实而有规律。他一生经历坎坷，饱受磨难，但上进之心不曾受到一丝影响，身心健康，看不到风霜磨砺，完全不像年近古稀的退休老人。我时常思考，是一种什么样的人生哲学在支撑着他。毫无疑问，先生自身就是一部值得我们细细品味的大书。

不久前，我偶然看到他的博客，才知道他也开有博客。一周前我读到他的诗《飞临厦门上空书所见》方知他日前莅厦探亲，急忙给他打电话问候。后我又到福州开会，直到前日才登门拜望。我和太太一早到他女儿芊芊家接他，他由女婿蔡明博士陪同，我们一行四人驱车150余公里直奔南靖土楼参观。一路上，我们重拾往事，畅叙别情，谈过去现在，谈工作生活，谈老师同学，嗟叹岁月易逝，往事历历在目。先生已近古稀，而我已近半百。车过漳州，老师忆及当年赴广东汕头开会路过此地，竟然与我有些关系。那是1986年年底的事，先生到厦门的车票是我帮助买的。具体情形我已记不清，但他送给我韩愈的两句话至今记得："无望于速成，无诱于势利。"那时，是我人生中最困难的一段时间。老师就是这样一直关心我的工作和生活。在土楼，他不仅仔细察看，而且与村民交流，获得很多看不到的信息。我虽多次去过土楼，但不曾有这般仔细。先生感慨于村民的生存环境之恶劣，尤为村民祖先当年逃难于此而嗟吁。从文明发达的中原避难到几与世隔绝的深山老林，可以想见，所遇"灾难"是何等的灾难。他几次伫立沉思，叹惋之情溢于言表。

回到我的学校，天色渐晚，虽无足够时间细看，但先生还是坚持从宿舍区一直走到大门口，又到我的办公室了解我的办公条件。在办公室，我向他介绍了学校的总体规划。晚饭后他回到芊芊家已是九点多，22点35分收到他的短信，他说写了两首诗发在我的邮箱里，我赶忙打开邮箱，全

文如下:

跃林:

今日一见,同时看到了春玲和辛夷,十分高兴,这大概是我们久别十几年后的重逢,而且是在厦门相见,值得珍重。厦大附中是你人生的又一个辉煌起点,亲眼看到、亲耳听到你这几年的奋斗足迹和成果,更让我激动不已。途中酝酿了两首诗,发给你和春玲,借以表达我的心情,也请指正。

男儿有志下南疆,沧海拓荒创学堂。
桃李盈园皆手植,蓝图初就向天张。
三年竭智输心血,一日观光热肚肠。
喜见后来成大器,陈公事业继新章!

(陈公指陈嘉庚)

情深伉俪两门生,比翼齐飞落鹭城。
高屋建瓴天远大,灵心绣口业精诚。
赌茶问字未为雅,举案齐眉不足凭。
更有一桩堪称美,儿因优学亦南征。

(赌茶用李清照典)

开车陪我看土楼,花了你和春玲一天时间,辛苦了,谢谢。也有点感兴,容当日后斟酌。

午夜时分,先生又将两首诗命题为《赠姚跃林》放在他的博客上,《序言》中给了我们很多褒奖的话。

昨晚22时28分,先生又发一条短信:"游土楼诗已上博客,亦记上大名,请阅正。"我连忙登录先生博客,看到《南靖土楼纪游五十六韵》:

岁暮日光柔,驱车去远游。跃林身手好,驾驶第一流。倏忽出鹭岛,鳌园入望眸。左转上高速,杏林撇后头。九龙江水宽,前方是漳州。群山出西北,街市望中收。车行不暂停,过往昔经由。(1986年11月底去汕头参加学术会议夜半由此转乘汽车。）传语林语堂（漳州西北不远处路旁有林语堂纪念馆路牌），南靖看土楼。前行入山道，触目皆高丘。盘曲九回肠，下视涧壑幽。险几不容发，欲攀猿猱愁。地名有船场，何曾见行舟？忽然到山口，高山开平畴。车辆颇麇集，观景有票售。下至田螺坑，主景在山沟。四圆围一方（此地有四座圆形土楼，中间为方形），何神设股勾？美人曾侦此，疑为核弹投。（据说美国侦察飞机拍下照片疑为原子爆炸蘑菇云。）恍然忽大悟，昔年曾集邮。（此土楼曾印为邮票画面。）徐入土楼内，好个大圆周。熙熙数十户，共居如天篓。一门谨出入，动息语笑稠。上下隔层住，如上九天游。黄土夯实墙，间架木交酬。年久坚如石，试用手难抠。制式由来古，岁月何悠悠。往昔客家民，避乱来南州。筑楼为自保，庶免身家忧。偷儿不能偷，酋渠难称酋。智哉魏晋人，厥为百代谋。此处皆黄姓，自言来中州。年深世代远，谱牒难搜求。先曾居永定，此地又一留。子孙日繁庶，造楼又造楼。如同细胞裂，世代不能休。聚族共生死，若乘诺亚舟。吾闻父老言，钦服泪暗流。人生来世上，首为性命忧。生当在乱世，命浅如蜉蝣。官府不能保，非此有何求？虽可一日安，难免终生囚。虽可长子孙，人竟非雎鸠。繁衍生息外，应有大自由。昔年游开平，遍地皆碉楼。世遗见收录，游客攒人头。我曾发感慨，乱世贻人羞。最不宜人居，文化应崇优。今日有同感，吾民雠罪尤！作为人类史，土楼当保留。作为现代人，反思宜上求。良法施社会，永免性命忧。良策均贫富，永除族群仇。机会须均等，阳光普田畴。天下人共治，国是天下筹。人人爱国家，何必在一楼！回首语跃林：君有何建猷？跃林若有思，一笑三点头。

　　我很有感触，连忙留言："先生向有李太白之自由性情，更有杜子美之忧民情怀，屈子'哀民生之多艰'，先生即便为'闲文'亦如此。30年前您是我的老师，30年后您又给我们上了一课，我们只能慢慢消化。"先生才情与勤勉皆类此。

　　这次见到汤师很有些特别，觉得有必要写点东西留作纪念，但这两天穷忙，虽不好意思说是"一饭三吐哺"，但办公室来人不断，以至一篇短文起立数十次而不成，真是惭愧！

学诗一首以复先生错爱："男儿立志征四方，兴学何须到南疆。耕耘桑梓逾廿载，勤育桃李差辉煌。南来八闽无亲朋，总向理想诉衷肠。人生自在不由人，本心原是羡老庄。"此番南来全因机缘，既非原单位不好，亦非创校的诱惑，说到底本无多高远的理想，既然在做一件事，就尽力而为；"理想"者，我的博客"理想国"也。诗无章法，只算顺口溜，便是"捻断数茎须"亦不能妥当，只能如此了。

谢谢老师！